スッと頭に入る空海の教え

監修◎
大聖院座主 吉田正裕
Shoyu Yoshida

はじめに

空海は真言宗の開祖であり、平安仏教の第一人者です。当時の仏教界に新しい風を吹き込んだだけでなく、文化面でも大きな影響を与えました。弘法大師《こうぼうだいし》の諡号《しごう》を賜《たまわ》ったことから「弘法大師・空海」とも呼ばれ、現在でも「お大師さま」として多くの人から信仰されています。

日本に密教を浸透させた天才僧侶、三筆の一人である能書家として知られる空海ですが、天才であるが故に数多くの挫折や苦悩を経験しています。当時はまだ新興勢力であった密教をどのように広めたのか、地方豪族出身の空海がなぜ貴族や皇族と親密な関係を築けたのか、空海の行動には混沌とした現代社会を生き抜くための知恵が隠されています。

本書では、謎の多い空海の生涯を振り返りながらひもとき、行動の指針や考え方のヒントを紹介しています。真言密教の基本である「行動、言葉、心を一致させ、自分が本来持っている仏心を呼び起こせば、この身のままで仏に成ることができる」という教えは、自分の立ち位置を見失いがちな現代人の心にも響くのではないでしょうか。

私たち日本人の中にも、仏の教えは生きています。空海の足跡をたどることで「人として生きたリアルな空海像」を感じ、人生を見直すきっかけにしていただければ幸いです。

吉田　正裕

スッと頭に入る 空海の教え 目次

第1章 空海の行動から見る教え ～空海の処世術

第2章

空海の考え方から見る教え ～空海の交渉術

第3章

空海が完成させた密教とは ～密教の教え

第4章

弘法大師の教えを感じる場所 ～弘法大師信仰

主な参考文献（刊行年順）

武内孝善　『弘法大師空海の研究』（吉川弘文館、２００６）
正木晃　『秘史 密教のすべて』（新人物往来社、２０１１）
高木訷元　『新装版 空海入門―本源への回帰―』（法藏館、２０１５）
『仏像が好き！ 密教像のすべて』（枻出版社、２０１８）
下泉全暁　『密教の仏がわかる本―不動明王、両界曼荼羅、十三仏など』（大法輪閣、２０１９）
ひろさちや　『空海入門』（中央公論新社、２０２０）
河野忠　『弘法水の事典　日本各地に伝わる空海ゆかりの水』（朝倉書店、２０２１）
潮弘憲　『真言密教事相概論』（法藏館、２０２３）

主要参考ホームページ（五十音順）

エンサイクロメディア空海　https://www.mikkyo21f.gr.jp/
高野山真言宗総本山金剛峯寺　https://www.koyasan.or.jp/
全真言宗青年連盟　https://www.kobodaishi.jp/
東寺　https://toji.or.jp/

写真提供

photoAC、photo library、PIXTA、いよ観ネットフォトギャラリー、国立文化財機構所蔵品統合検索システム、奈良国立博物館

空海と善通寺

讃岐国《さぬきのくに》で生まれる

空海は774年6月15日、讃岐国(現在の香川県)西部を治める地方豪族の息子として誕生した。幼名は佐伯真魚《さえきのまお》。幼少期から漢文を読みこなすなど非常に優秀で、両親は「この子は、神童だ」と期待を寄せていた。これほど優秀なら中央政府で活躍できると考えた両親は、15歳になった真魚を都に送り出した。

都には母の兄であり、伊予《いよ》親王(桓武《かんむ》天皇の第三皇子)の家庭教師をしていた阿刀大足《あとのおおたり》という人物がいた。真魚はこの伯父を頼って上京。論語や歴史、文章など学問の基礎を教わった。

18歳になった真魚は、大学寮に入学。官僚になるために明経道《めいけいどう》を専攻し、真剣に学問に打ち込んだ。大学寮の授業は儒教が中心だったが、真魚は儒教に興味が持てず、徐々に大学寮に通うことの意義を見失い「仏教の道に進みたい」と思うようになる。そんな時に出合ったのが、虚空蔵求聞持法《こくうぞうぐもんじほう》(虚空蔵菩薩《こくうぞうぼさつ》からその力を与えてもらう儀式)だ。この教えに感銘を受けた真魚は、出家する決意を固める。

幼少期の空海

幼いころから非常に優秀だったため、親の期待を受けて大学寮に入学する

善通寺（ぜんつうじ）

四国八十八ケ所霊場の75番札所。現在の西院が建っている辺りに、空海の生家である佐伯家の邸宅があったと伝わる。京都府の東寺、和歌山県の高野山とならぶ「弘法大師三大霊跡」の一つに数えられており、近隣には空海ゆかりの史跡がいくつも残されている。

石鎚山（いしづちさん）

四国山地西部（愛媛県西条市と久万高原町の境界）に位置する標高1982mの山で、西日本最高峰。古くから山岳信仰の霊場として知られており、霊峰石鎚山とも呼ばれる。空海は「石鎚山によじ登ったが、食べるものがなく動けなくなった」と語っている。

空海と石鎚山

山岳修行に励む

息子の出世に期待を寄せていた両親は、真魚《まお》が出家することを強く反対した。しかし真魚は周囲の反対を押し切り、20歳で大学寮を退学。出家していない在家の仏教信者として山岳修行に入り、近畿地方の吉野山《よしのやま》や高野山《こうやさん》、郷里である四国の大瀧嶽《だいりゅうがたけ》（徳島県）、室戸岬《むろとみさき》（高知県）、石鎚山《いしづちさん》（愛媛県）などで山岳修行を重ねた。ある日、室戸岬の御厨人《みくろど》窟で「口に明星（金星）が飛び込んでくる」という経験をし、自ら悟りを開く。悟りを開いて洞窟を出た際に見た「空と海だけが広がる光景」にちなんで、22歳ごろから「空海」と名乗るようになったと伝わっている。

そしてある時、大日経《だいにちきょう》（密教の経典）に出合う。空海は「大日経（密教）こそが、最高の教えだ」と確信したが、非常に難解で理解できない。当時の日本には密教や大日経について系統立てて教えてくれる人物はいなかった。空海は「大日経について学びたい。大日経を教えてくれる人に会うため、唐に行きたい」と考えるようになった。

20代の空海

周囲の反対を押し切って出家し、近畿や四国の山々で山岳修行に明け暮れる

空海と辞本涯の碑

留学僧《るがくそう》として唐に渡る

唐で学ぶためには、遣唐使節団の留学僧に選ばれる必要があった。空海は東大寺《とうだいじ》戒壇院《かいだんいん》で儀式を受けて正式な僧となり、31歳で第16次遣唐使節団に参加。瀬戸内海、太宰府《だざいふ》、田ノ浦《たのうら》、東シナ海を経由して唐を目指した。当時の渡海は命懸けであり、途中で沈没する遣唐使船も少なくなかった。空海の乗った船も東シナ海で暴風雨に遭い、遭難してしまう。海上を34日間漂流するが、なんとか福州長渓県赤岸鎮《ふくしゅうちょうけいけんせきがんちん》へ漂着。海路と陸路で長安を目指し、804年12月の末に長安《ちょうあん》に到着した。

長安の西明寺《さいみょうじ》を寄宿先とした空海は、まず梵語《ぼんご》を習得。その後青龍寺《せいりゅうじ》を訪ね、恵果阿闍梨《けいかあじゃり》から密教を学んだ。わずか3カ月で密教の全てを習得した空海は、恵果阿闍梨の「密教を日本に広めなさい」という教えに従って806年10月に帰国。持ち帰った経典や仏教資料などの目録を「御請来目録《ごしょうらいもくろく》」としてまとめ、朝廷に献上した。「20年間唐で学ぶ」という約束を破って帰国したため太宰府にとどめ置かれたが、先に帰国していた最澄《さいちょう》の取りなしもあり、3年後に上京が許されている。

辞本涯（じほんがい）の碑

長崎県の五島列島は、遣唐使船最後の寄港地。空海は性霊集に「本涯ヲ辞ス（日本の最果てを去る）」と記し、渡海の決意を示している。福江島は三井楽半島の先端、柏崎公園にある辞本涯の碑は、空海の偉業を讃えて建立された顕彰碑。空海も唐に渡る前に、この場所に立ったと伝えられている。

30代の空海

留学僧として唐に渡り恵果阿闍梨から密教の全てを習得して帰国する

空海と高野山金剛峯寺

国内に密教を広める

上京を許された空海は高雄山寺《たかおさんじ》（現在の神護寺《じんごじ》）に入り、密教の布教活動を行った。遣唐使節団の一員として共に渡海した橘逸勢《たちばなのはやなり》と交流するなかで、朝廷や貴族の信頼を得ていく。また薬子《くすこ》の変（→P.74）後に鎮護国家の密教修法を行ったことで、嵯峨《さが》天皇も空海に帰依。朝廷内に密教布教の基盤を構築する。最澄《さいちょう》との交流が始まったのも、帰国後上京してからだ。当初はともに密教を広めようと親しく交流していたが、宗教観や価値観の相違により決別。空海は真言宗の開祖、最澄は天台宗の開祖として違う道を歩むことになる。

空海の偉業として知られているのが、高野山金剛峯寺《こうやさんこんごうぶじ》の建立と東寺《とうじ》の整備ではないだろうか。816年6月、都から離れた静かな山中に密教の修行道場を作りたいという思いから、空海は嵯峨天皇に高野山の下賜《かし》を願い出る。また823年にはまだ建立中だった官立寺院の東寺を賜り、密教の根本道場として整備。高野山と東寺は「弘法大師三大霊場」に数えられており、現在も多くの人から信仰されている。

高野山金剛峯寺
（こうやさんこんごうぶじ）

標高約1000mの高峰の山頂に築かれた日本仏教の聖地。金剛峯寺という名前は「金剛峯楼閣一切瑜伽瑜祇経」という、経典の名前からとられたと伝わる。境内の敷地は約16万㎡という広大さで、総本堂である「金堂」や根本大塔など諸堂が建ち並ぶ。

壮年期の空海

密教の布教と基盤強化に奔走し、根本道場の東寺や修行道場の高野山を整備する

満濃池（まんのういけ）

満濃池は日本最大級の農業用ため池。平安時代末期に成立したと見られる『今昔物語』には、「弘法大師（空海）が、讃岐国の人を救うために築いた池。非常に大きく堤防も高いので、まるで海のように見える」と記されている。

空海と満濃池

教育・建築分野でも活躍

高野山整備のため都と高野山を行き来していた空海のもとに、満濃池《まんのういけ》改修工事の指揮を執れという命が下る。満濃池は空海の故郷である讃岐国《さぬきのくに》にある農業用のため池だが、堤防が決壊して地元の人々が困っていた。築池別当《つきいけべっとう》に任命された空海は早速現地に赴き、唐で学んだ土木技術を駆使。現代の建築現場でも採用されている最先端技術で、地元の復興に寄与した。空海を慕って集まった人々の尽力もあり、工事はわずか2カ月で完了。空海は満濃池鎮護の寺として、池の北西岸に神野寺《かんのじ》を建立している。

「仏教だけ」「儒教だけ」ではなく、社会づくりに役立つさまざまな学問を学ぶべきだと考えていた空海は、828年に綜藝種智院《しゅげいしゅちいん》を開校する。儒教・道教・仏教に加え、科学や天文学、医学や語学を学ぶことができる総合学院で、志があれば庶民でも入学可能。学費は無料で、食事も提供されたといわれている。残念ながら空海の死後に廃校となってしまったが、日本初の「庶民も学べる教育機関」として歴史に名を残した。

晩年の空海

満濃池の修築や綜藝種智院の開校など、多彩な分野で社会に貢献する

空海と四国八十八ケ所霊場

衆生《しゅじょう》のために祈り続ける

最晩年の空海は長らく拠点としてきた東寺《とうじ》を去り、高野山《こうやさん》に入る。弟子たちに寺院の運営管理や修行に対する心得や戒めを説いた「御遺告《ごゆいごう》」を示し、835年3月21日、62歳で入定《にゅうじょう》した。空海は現在も高野山奥之院《おくのいん》で深い瞑想に入っており、衆生を救うための祈りを捧げている。入定から86年後の921年10月27日、醍醐《だいご》天皇は空海に「弘法大師《こうぼうだいし》」の諡号《しごう》を授与。これにより空海は、弘法大師と呼ばれるようになった。平安時代中期には貴族の間に弘法大師信仰が広がり、徐々に民衆にも浸透していく。

弘法大師信仰とともに広がったのが四国遍路だ。四国遍路とは、四国4県に点在する88の寺(四国八十八ケ所霊場)を巡礼することを指す。巡礼者は「同行二人《どうぎょうににん》(常にお大師さまと一緒)」という言葉のもと、全行程約1200kmの道のりを歩き、先祖供養や現世利益、心願成就などを願う。時代の変化により巡り方や目的は多様化したが、現在も多くの人が四国八十八ケ所霊場に訪れ、祈りを捧げている。

四国八十八ケ所霊場

徳島県の1番札所から、高知県、愛媛県を回り、香川県の88番札所までを巡礼する四国遍路。四国を一周する全長約1200kmの行程だ。修行者が巡礼していたが、江戸時代には弘法大師信仰の高まりとともに庶民の間に広がった。

現在の空海

高野山奥之院で永遠の瞑想に入り、世界の平和や人々の幸福を祈り続けている

空海の生涯

西暦	年齢	出来事	社会・朝廷の出来事	天皇
774年	1歳	佐伯直田公《さえきのあたいたぎみ》と玉依御前《たまよりごぜん》の次男として誕生する。俗名・真魚《まお》(6月15日)		光仁《こうにん》
775年	2歳		佐伯今毛人《さえきのいまえみし》が遣唐大使に任じられる	
776年	3歳			
777年	4歳		第14次遣唐使節団派遣(4月) 佐伯今毛人は渡唐せず	
778年	5歳		最澄《さいちょう》が出家し、近江国分寺に入る	
779年	6歳			
780年	7歳			
781年	8歳		桓武《かんむ》天皇が即位し、早良《さわら》親王が皇太子となる(4月) 和気清麻呂《わけのきよまろ》が高雄山寺《たかおさんじ》を建立	
782年	9歳		橘逸勢《たちばなのはやなり》誕生	
783年	10歳		桓武天皇の第三皇子として、伊予《いよ》親王誕生	
784年	11歳		平城京から長岡京へ遷都(11月11日)	

善通寺

善通寺観智院

年	年齢	出来事	同時代の出来事
785年	12歳		最澄が東大寺にて具足戒《ぐそくかい》を授戒（4月6日） 最澄が比叡山に入る（7月17日） 藤原種継《ふじわらのたねつぐ》暗殺事件（9月23日） 早良親王が憤死（9月28日）
786年	13歳		佐伯今毛人が大宰帥《だざいのそち》に任じられて九州に赴任
787年	14歳		
788年	15歳	伯父の阿刀大足《あとのおおたり》を頼って上京し、学問の指導を受ける	最澄が比叡山に一乗止観院《いちじょうしかんいん》を建立（7月）
789年	16歳		佐伯今毛人が官界を引退（1月）
790年	17歳		佐伯今毛人死去（10月3日）
791年	18歳	大学寮に入学	
792年	19歳		
793年	20歳	大学寮を退学 和泉国槇尾山寺《いずみのくにまきのおさんじ》で得度し、山林修行に入る	
794年	21歳		長岡京から平安京へ遷都（10月22日）
795年	22歳	室戸岬の洞窟で修行中に悟りを開く 久米寺《くめでら》で大日経《だいにちきょう》と出合う	
796年	23歳		
797年	24歳	聾瞽指帰《ろうこしいき》を著す（12月1日）	最澄が内供奉十禅師《ないぐぶじゅうぜんじ》となる

桓武《かんむ》

西暦	年齢	出来事	社会・朝廷の出来事	天皇
798年	25歳			桓武《かんむ》
799年	26歳			
800年	27歳			
801年	28歳		第16次遣唐使派遣が決定し、藤原葛野麻呂《ふじわらのかどのまろ》が大使に任命される（8月10日）	
802年	29歳		最澄が高雄山寺《たかおさんじ》で天台宗の講義を行う（1月） 最澄が入唐希望を申し出る（9月8日）	
803年	30歳	官度僧になるための国家試験を受ける（12月）	第16次遣唐使節団が難波を出港（4月16日） 暴風雨に遭って難破し、筑紫に滞留する（4月21日）	
804年	31歳	東大寺で具足戒を受ける（4月7日） 遣唐使船に乗り難波を出港（5月12日） 長安に到着する（12月23日）	第16次遣唐使節団が田ノ浦を出港（7月6日） 最澄が台州《たいしゅう》に到着する（9月26日）	
805年	32歳	宣陽坊《せんようぼう》から西明寺《さいみょうじ》に移る（2月11日） 恵果阿闍梨《けいかあじゃり》から密教の全てを伝授される（6月〜8月）	最澄が帰国し、上洛（7月15日） 最澄が高雄山寺で密教灌頂《かんじょう》を行う（9月） 高階遠成が長安に到着（12月）	
806年	33歳	高階遠成《たかしなのとおなり》、橘逸勢とともに長安を出発（3月下旬） 帰国し、太宰府の観世音寺《かんぜおんじ》に滞在する（10月）	天台宗の年分度者2名が認可される（1月） 桓武天皇が崩御し、平城天皇が即位（3月17日）	
807年	34歳	大宰少弐《だざいのしょうに》の母親の法要を密教様式で行う（2月）	伊予親王の変により、伊予親王が自害（10月）。 阿刀大足失脚	平城《へいぜい》
808年	35歳			

年	歳	出来事	世の中の出来事
809年	36歳	入京を許可される（7月16日） 最澄から、密教経典の借覧を依頼される（8月24日）	平城天皇が譲位、嵯峨天皇が即位する（4月1日） 橘嘉智子《たちばなのかちこ》が嵯峨天皇に入内（6月）
810年	37歳	高雄山寺《たかおさんじ》で護国の祈祷を行う（10月27日）	薬子《くすこ》の変（9月）
811年	38歳	乙訓寺《おとくにでら》の別当に任命される（11月9日）	
812年	39歳	高雄山寺にて最澄に灌頂《かんじょう》を授ける（11月・12月）	
813年	40歳	最澄の経典借覧依頼を断る（11月23日）	
814年	41歳		
815年	42歳		橘嘉智子が立后される（7月）
816年	43歳	嵯峨天皇に高野山の下賜《かし》を願い出る（6月19日） 嵯峨天皇から高野山を賜る（7月7日）	
817年	44歳		
818年	45歳	嵯峨天皇の命により宮中で祈祷を行う（春） 高野山に入り、全山開創の指揮を執る（11月）	大洪水により満濃池《まんのういけ》の堤防が決壊
819年	46歳		
820年	47歳	内供奉十禅師に任命される（10月20日）	
821年	48歳	満濃池を修築する（7月末）	藤原三守《ふじわらのただもり》が従三位に昇進（1月）
822年	49歳	嵯峨天皇から、東大寺に灌頂道場を建立するよう命を受ける（2月11日）	最澄死去（6月4日） 比叡山に大乗戒壇の設立が許可される（6月11日）

西暦	年齢	出来事	社会・朝廷の出来事
823年	50歳	嵯峨天皇から東寺を賜る（1月19日）	嵯峨天皇が譲位し、淳和天皇が即位（4月16日）
824年	51歳	造東寺所別当《ぞうとうじしょべっとう》に任命される（6月16日）	平城上皇崩御（7月7日）
825年	52歳	東寺講堂の建立に着手する（4月20日）	
826年	53歳		
827年	54歳	大僧都になる（5月28日）	
828年	55歳	綜藝種智院《しゅげいしゅちいん》を開校する（12月15日）	
829年	56歳		
830年	57歳		
831年	58歳		
832年	59歳	高野山で万灯万華会《まんとうまんげえ》を修する（8月22日）	
833年	60歳		淳和天皇が譲位し、仁明天皇が即位（3月22日）
834年	61歳		
835年	62歳	宮中真言院で後七日御修法を実施（1月8日） 真言宗の年分度者3名が認可される（1月22日） 金剛峯寺が定額寺《じょうがくじ》に定められる（2月30日） 高野山で入定（3月21日）	

東寺

天皇：嵯峨　淳和《じゅんな》　仁明《にんみょう》

第1章

空海の行動から見る教え

～空海の処世術

第1章
空海の処世術

788年

空海 15歳

地方豪族の次男として生まれた佐伯真魚《さえきのまお》
一族の期待を一身に背負って上京する

父方のルーツは讃岐国《さぬきのくに》の佐伯直氏《さえきのあたい》

空海（幼名・真魚）は７７４年6月15日、父・佐伯《さえきの》直田公《あたいたぎみ》、母・玉依御前《たまよりごぜん》の次男として讃岐国（現在の香川県）で誕生した。父の一族である佐伯直氏は中央貴族・大伴《おおとも》氏と祖先をともにする一族。讃岐国西部を支配する地方豪族で、田公は多度津郡《たどつぐん》の少領《しょうりょう》（次官）を任じられた中級地方官だったと推察される。

少領は身分こそ低いが徴税権があり世襲で受け継がれるため、朝廷から派遣されてくる国司《こくし》（中央貴族）より経済力がある。佐伯直氏は教育熱心な一族でもあり、一門から宗教家や書家、儒学者を多く輩出。一族の佐伯今毛人《さえきのいまえみし》は参議正三位《さんぎしょうさんみ》まで昇進し宮中で活躍するなど、朝廷との太いパイプと経済力を有していた。

権力争いに敗れて勢力が低下

ところが真魚が12歳になった７８５年9月、造長《ぞうなが》岡宮使《おかぐうし》の藤原種継《ふじわらのたねつぐ》（桓武《かんむ》天皇の側近）が暗殺される事件が発生。暗殺には大伴氏と佐伯氏が関与したとされ、両氏が擁立していた早良《さわら》親王も連座で廃太子となった。佐伯今毛人は事件に関与していなかったが翌年に九州に赴任してしまい、佐伯氏は宮中での地位と人脈を失ってしまう。

一族の失地回復を目指す田公は、まだ幼い真魚に期待を寄せた。田公は真魚に中央政府で活躍する人物になるための教育を受けさせるため、妻（真魚の実母）の縁を使い、真魚を都に向かわせる。上京したのは15歳前後（７８８年頃）と伝わっており、真魚本人も一族の厳しい状況は理解していただろう。

空海の誕生地と伝わる場所

出生場所は現在の善通寺《ぜんつうじ》（香川県善通寺市）付近とも、海岸寺《かいがんじ》（香川県多度津町）付近とも伝わるが、明確な場所は分かっていない

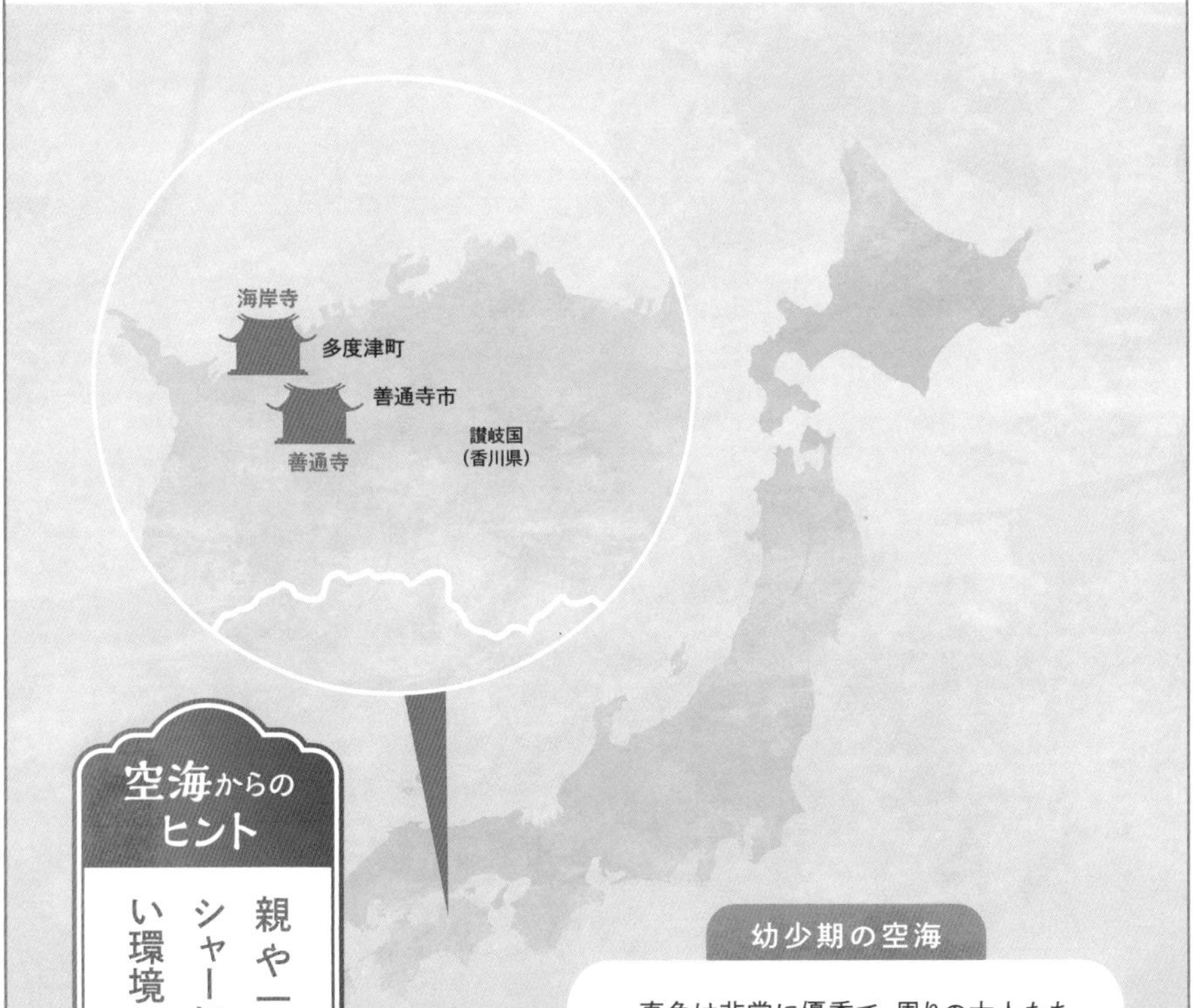

空海からのヒント

親や一族の期待をプレッシャーに感じず、まずは新しい環境に飛び込もう

幼少期の空海

真魚は非常に優秀で、周りの大人たちから神童、貴物《とうともの》（天才）と呼ばれていた。幼少期から漢文を読みこなすなど語学力に長けており、泥で仏像を作るなど信心深い面もあった。田公は「この子なら中央政府で活躍できるに違いない」と感じたのだろう。都で学んで大学寮に進学し、卒業後は中央官僚として出世することを期待していたようだ。

第1章
空海の処世術
788年
空海 15歳

伊予《いよ》親王に仕え学問を講義していた伯父から さまざまな学問を教わる

母方のルーツは名門・阿刀《あと》氏

母の玉依御前《たまよりごぜん》は阿刀氏の娘で、阿古屋《あこや》とも伝わる。母の一族でもある阿刀氏は、山城国《やましろのくに》（京都府南部）や摂津国《せっつのくに》（大阪府北西部から兵庫県東部）を本拠地としており、物部《もののべ》氏の流れを汲む古代氏族だ。宮中に仕える役人を多く輩出しており、玉依御前の兄（祖父という説もある）の阿刀大足《あとのおおたり》は従五位下《じゅごいのげ》を賜った貴族で、桓武《かんむ》天皇の第3皇子である伊予親王の侍講《じこう》（家庭教師）を勤めている。

伊予親王は７８３年生まれと伝わっている。加冠《かかん》（元服）前の親王の侍講で、位階の低い（位階制度では従五位下以上の位階が貴族とされるため、大足の位階は貴族の中では一番下）大足が、宮中でどれくらいの権力を持っていたかは分からない。しかし伊予親王は父・桓武天皇から深い寵愛を受けていたため、大足もそれなりの発言力は有していただろう。伊予親王と大足の関係はその後も続き、真魚もさまざまな恩恵を受けることとなる。

阿刀大足に学び大学寮入学を目指す

桓武天皇は７８４年に都を平城京（奈良県奈良市）から長岡京（京都府長岡京市）へ遷都した。７８５年正月には大極殿《だいごくでん》（国家的儀式が行われる建物）や内裏《だいり》（天皇の居住地）も完成し、造都が本格的に行われ始める。しかし７８５年９月、長岡京造都の最高責任者である藤原種継《ふじわらたねつぐ》が暗殺される事件が発生。関与を疑われた弟の早良《さわら》親王が淡路島に配流される途中で憤死する。その後も長岡京造都

桓武天皇の系図と阿刀氏の系図

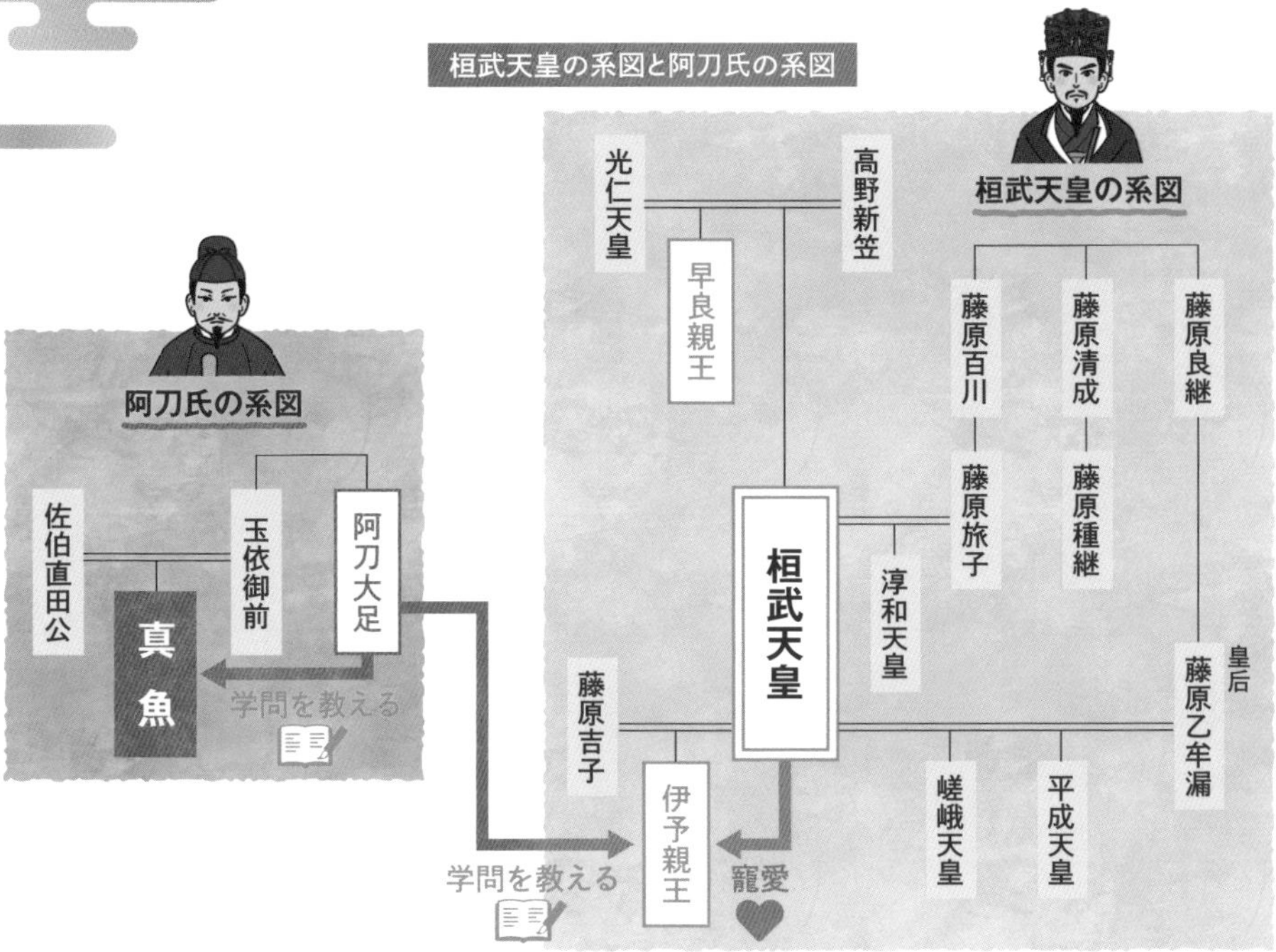

工事は続けられたが、日照りや疫病の流行、桓武天皇の母や皇后の死去など相次いだ災いが「早良親王の祟《たた》りではないか」と噂され、工事は遅延。789年を最後に長岡京の工事に関する記録は姿を消している。

真魚が讃岐国《さぬきのくに》から上京してきたころ長岡京は未完成であり、大足が平城京と長岡京のどちらに居を構えていたかは分からない。明確な足取りは不明だが、真魚は大足の元に身を寄せ、大足は真魚に、論語・孝経・史伝・文章などを指導した。今ふうに言うと専属の家庭教師である。大足に3年間学んだ真魚は791年に大学寮《だいがくりょう》に入学を果たす。

空海からのヒント

たとえ世相が不安定でも学びやすい環境に身を置き、将来の可能性を広げよう

791年

空海 18歳

本来入学の資格がない地方豪族出身の真魚《まお》がなぜ貴族の子弟が通う大学寮《だいがくりょう》に入学できたのか

公的教育機関、国学《こくがく》と大学寮の違い

奈良時代末期にも公的な教育機関が設けられていた。一つは地方に置かれた国学、もう一つが中央の都に置かれた大学寮である。国学は地方の下級官吏を養成する機関で、13～16歳の地方豪族（郡司《ぐんじ》）の子弟であることが入学資格とされた。大宝律令《たいほうりつりょう》により各国の国府に1校設置することが義務付けられていたため、郡司の子弟は国学で学ぶのが通例であった。

一方大学寮は式部省《しきぶしょう》（官吏登用試験や学校教育を司る機関）が管轄する、貴族の子弟を対象とした官吏養成機関。入学年齢は13歳以上16歳以下と定められており、13歳で入学して16歳で卒業するのが一般的だった。入学資格があるのは、戸主《こしゅ》の位階が五位以上（貴族）もしくは史部《ふひとべ》（朝廷で文章や記録の作成にかかわる職務に携わる氏族）の子弟のみ。行政について学ぶ明経道《めいけいどう》、詩文を学ぶ文章道《もんじょうどう》、天文や暦について学ぶ算道《さんどう》など複数の専攻科があり、儒教と仏教の兼学が推奨されていた。

真魚はなぜ大学寮に入学できたのか

地方豪族の息子である真魚は、なぜ大学寮に入学できたのだろうか。真魚の戸主・佐伯直道長（田公の父または兄）は、多度津《たどつ》郡の大領《だいりょう》（長官）で位階は正六位上《しょうろくいのじょう》、つまり貴族ではない。また本人が『三教指帰《さんごうしいき》』で「二九にて槐市《かいし》（大学寮）に遊聴《ゆうてい》す」と述べていることから、入学時の年齢は18歳ということになる。戸主の身分が低く年齢制限をオーバーしている真魚は本来、大学寮入学の資格がない。どうやって入学したのだろうか。

　可能性として考えられるのが、国学卒業後に入学試験に合格して、大学寮に入学したという説だ。国学で所定の学習過程を修了した後もさらに勉強したい場合、戸主の位階が六位以下八位以上であれば式部省に志願し、国家試験に合格すれば大学生《だいがくしょう》になることができる。地元・讃岐国《さぬきのくに》の国学を卒業し、上京してさらに勉強したのち式部省の試験に合格したのだとすれば、つじつまが合う。正規の学生ではなく、聴講生として入学を許されたのかもしれない。大足《おおたり》が大学寮に推挙した可能性もあるが、残念ながら真魚がどのようにして大学寮に進学したのか史料も伝承も残されていない。

空海からのヒント

自分が条件を満たしていないなら、条件を満たすために行動しよう

真魚には大学寮入学資格がない

　大学寮に入学できるのは「13歳以上16歳以下の貴族の子弟」。地方豪族出身で18歳の真魚は、本来大学寮に入学することはできない。入学条件をどのようにクリアしたのかは、史料が残っておらず謎のままだ。

●律令制における位階

位階	身分	入学資格	
正一位	貴族	大学寮に入学可能	
従一位			
正二位			
従二位			
正三位			
従三位			
正四位上			
正四位下			
従四位上			
従四位下			
正五位上			
正五位下			
従五位上			
従五位下			
正六位上	地方豪族（郡司）	国学に入学可能	国学卒業後、試験に合格すれば大学寮入学可能
正六位下			
従六位上			
従六位下			
正七位上			
正七位下			
従七位上			
従七位下			
正八位上			
正八位下			
従八位上			
従八位下			
大初位上			
大初位下			
少初位上			
少初位下			

真魚の戸主は正六位上で、貴族ではない

第1章
空海の処世術
791年
空海 18歳

官吏としての出世を目指して勉学に励むも儒教に興味が持てず授業に興味を失う

官界進出を目指して大学寮《だいがくりょう》に進学

詳細は不明だが、真魚《まお》は晴れて18歳で大学生《だいがくしょう》となった。この当時の大学寮は13歳で入学して16歳で卒業するのが一般的であり、大半は貴族の子弟である。「すでに18歳になっている地方豪族の子弟」という真魚の存在は、大学生の中では若干浮いている。身分の高い年下の同級生と机を並べるというのは、肩身の狭い部分があったかもしれない。

とはいえ真魚は一族の期待を一身に背負い、「官僚として立身出世するため」に入学している。身分や年齢といったコンプレックスを払拭するかのように真魚は学問に励んだ。自著である『三教指帰《さんごうしいき》』では「雪蛍《せっけい》を猶《なお》怠れるに拉《とりひし》ぎ、縄錐《じょうすい》の勤めざるに怒る（蛍の光や雪あかりで学ぶ程度では足りない、眠気を払うために首に縄をかけたり足に錐《きり》を刺したりするくらいでは不十分だと憤るほど、熱心に勉強した）」と当時を振り返っている。

儒教中心の授業に興味を失う

当時の大学寮は律令制度や儒学を重視していたこともあり、儒教関連の講座が多かった。真魚は官僚を目指す場合の一般的な進路である明経道《めいけいどう》を専攻。同郷で阿刀大足《あとのおおたり》とも知己の間柄だったと思われる佐婆部首牛養《さわべのおびとうしかい》博士について『春秋左氏伝《しゅんじゅうさしでん》』（儒教の始祖である孔子《こうし》が編纂したと伝わる歴史書『春秋』の注釈書）を学んでいる。さらに必修科目である『孝経《こうきょう》』（儒教教典の一つ）と『論語』（孔子の教えをまとめた学問）、『毛詩《もうし》』（儒教教典である経書の一つ)、『尚書《しょうしょ》』(中国古代の政治思想)も受講。しかし当時新しい学問であり、受講しておけば出世する際に有利といわれた『春秋公羊伝《しゅんじゅうくようでん》』や『春秋穀梁伝《しゅんじゅうこくりょうでん》』(夷狄《いてき》教化を理想とする中華思想に基づく国家論)は受講していない。

真魚は、儒教を学ぶことに意味を見出せなかった。『空海僧都伝《くうかいそうづでん》』(空海の伝記)では儒教のことを「我の習う所は古人の糟粕《そうはく》なり。目前、なお益なし(大学寮で教わる学問は、古人の言葉の絞りかすのようなもので、何の役にも立たない)」と酷評。学べば学ぶほど、興味を失っていったようだ。

官僚を目指すならこの学科!

大学寮の専攻科

明経道《めいけいどう》	行政について学ぶ
文章道《もんじょうどう》	詩文を学ぶ
明法道《みょうほうどう》	法律について学ぶ
算《さん》道《どう》	天文暦数を学ぶ
書《しょ》道《どう》	書を学ぶ

空海からのヒント

「自分に向いているかどうか」を知るためにも、まずは真剣に学ぼう

column

地方豪族出身者は出世できない?

地方豪族出身者が中央で官吏になるためには、大学寮卒業後に式部省(学校教育や官吏登用試験を司る機関)が実施する国家試験に合格する必要があった。この試験は非常に難しく、合格できるのは上位のごく一部のみ。大学寮を卒業したからといって、自動的に官吏になれるわけではないのである。

さらに任官後は、身分の壁が立ちはだかる。貴族出身者であれば中級官吏からスタートできるが、地方豪族出身者は下級官吏からのスタート。中級官吏以上に出世するのは至難の業で、昇進スピードも貴族出身者より遅い。貴族出身者同様の出世は不可能に近かった。

第1章
空海の処世術

793年

空海 20歳

周囲からの反対に流されることなく自分の意志を貫いて大学寮を退学、出家する

儒教ではなく仏教を学びたくなる

当時の大学寮は、仏教至上主義から律令主義へと立ち返るため、儒教中心の授業を行っていた。儒教に興味が持てない真魚《まお》は、徐々に授業への興味を失っていく。そんな彼をひきつけたのが、仏教の教えだった。仏教は政界に広く浸透しており、大学寮では儒教と仏教の兼学を推奨。仏教の重要性を解く学者も少なくなかったため、大学寮でも積極的に仏教の授業が行われていた。経史《けいし》(儒教の経典と歴史)を学んだことにより仏教に強い興味を持った真魚は、大学寮を辞めて出家したいという気持ちを徐々に強めていった。

この時期大学寮を管轄する式部省はすでに長岡京に移転していたが、大学寮そのものが移転した記録はない。また主だった寺院は桓武《かんむ》天皇の命により、遷都後も平城京に残ったままだった。寺院が残れば、当然僧侶も残る。大学寮の近くに寺院があるという環境は真魚にとっては都合が良く、仏教を学びたい気持ちに拍車をかけたことだろう。

虚空蔵求聞持法《こくうぞうぐもんじほう》と出合い出家を決意

詳細は不明だが真魚はこの頃、一人の沙門《しゃもん》(修行僧)から虚空蔵求聞持法を授かっている。この沙門は、大安寺《だいあんじ》で三論宗《さんろんしゅう》を学んでいた僧・勤操《ごんぞう》とも言い伝えられている。実際のところは分からないが、大安寺は平城京の中心部から近い場所にあったから、真魚が勤操から学んでいても不思議はないだろう。

虚空蔵求聞持法とは虚空蔵菩薩《こくうぞうぼさつ》（無量《むりょう》の知恵と福を備えた菩薩）から、その力を与えてもらう儀式だ。山中など静かな場所で、虚空蔵菩薩の陀羅尼《だらに》（呪文）を息の続く限り唱える。これを毎日、合計100万回唱えれば、一度見聞きしたことを忘れない知恵を得られるという。当時の僧侶には暗記した経典を唱える力が求められたし、大学寮の学問は暗記重視である。官僚になるための国家試験対策として活用した高官もおり、虚空蔵求聞持法は集中力を高めるトレーニングとして重宝されたのだろう。もちろん虚空蔵求聞持法は記憶増進術ではないし、真魚も記憶力を求めて虚空蔵求聞持法を授かったわけではないだろう。この教えに感銘を受けた真魚は虚空蔵求聞持法を深く修行するため、ついに出家する決意を固める。

『聾瞽指帰《ろうこしいき》』を記して出家を宣言

息子の出世に期待を寄せていた両親は、もちろん大反対。友人や親類も「出家すれば、佐伯家の名前を辱《はずかし》めることになる。親不孝なことだから、考えなおせ」と引き留めたが、真魚は大学寮を退学。20歳前後で優婆塞《うばそく》（出家していない、在家の仏教信者）として山林修行に入り、24歳のときには出家を反対する親族に対する出家宣言書として『聾瞽指帰《ろうこしいき》』を書き上げている。

出家宣言と聞くと、いかに自分が仏教を学びたいか切々と訴えるイメージがあるが、『聾瞽指帰』は小説仕立ての仏教書である。登場するのは儒者・道士《どうし》・僧侶・放蕩息子の4人。放蕩息子に対して「儒者になれ」「道士になれ」「僧侶になれ」と説得するストーリーで、最終的には儒者や道士も含めた全員が「仏教が最も優れている」と得心して締め括られる。登場人物の一人である若き僧侶が真魚だといわれており、空海が50代になって記した『三教指帰《さんごうしいき》』は、『聾瞽指帰』を再編纂した改訂版である。

空海からのヒント

熱意を伝えるより、自分の信じる道の優位性を説いた方が説得力が上がる

第1章
空海の処世術
795年
空海 22歳

西日本各地の霊場で山岳修行に励み 出家して悟りを開き「空海」となる

大学寮退学後以降の足取りは不明

この時期、真魚《まお》が何をしていたかは分かっていない。大学寮を退学してから遣唐使船に乗り込む31歳までは、ほぼ空白期間なのだ。正確なところは不明だが、平城京にほど近い大安寺《だいあんじ》などで仏教を学んだといわれ、高野山金剛峯寺《こうやさんこんごうぶじ》には「20歳の時、和泉国槇尾山寺《いずみのくにまきのおさんじ》で得度《とくど》。当初は教海《きょうかい》と名乗っていたが、後に如空《にょくう》に改めた」と伝わっている。この当時出家するためには国が定めた寺で授戒《じゅかい》（出家のための儀式）を受ける必要があったが、槇尾山寺は国が定めた寺ではない。このため真魚は得度したとはいえ、私度僧《しどそう》（官の許可なく僧となった者）という扱いだった。阿刀大足《あとのおおたり》の人脈を頼れば授戒を受けて正式な僧侶になることもできただろうが、真魚はその道を選ばなかったようだ。

虚空蔵求聞持法《こくうぞうぐもんじほう》の修行は静かな山林で行うのが良いとされ、修行の場所としては吉野山《よしのやま》の比蘇寺《ひそでら》（現在の世尊寺《せそんじ》）が有名だった。出家した真魚は吉野山や高野山で山林修行をしながら、奈良の寺で仏教について学んでいたようである。

室戸岬の絶景に心を打たれ、空海と名乗る

真魚が「空海」と名乗るようになったのは22歳の時とされている。経緯は不明だが高知県の室戸岬《むろとみさき》には「洞窟で修行をしている時、口に明星（金星）が飛び込んできた。この時自分の意識が宇宙に溶けていくのを感じ、悟りを開いた。洞窟から出ると、空と海だけが広がっていた。この光

景から自らの名前を空海と改め、仏教の道を進むことを決意した」という伝説が残っている。空海と名乗るようになった経緯はさておき、『聾瞽指帰《ろうこしいき》』（『三教指帰《さんごうしいき》』の草案となった原稿）の序文には「あるときは阿波国大瀧嶽《あわのくにだいりゅうがたけ》によじのぼり、あるときは土佐国室戸崎《とさのくにむろとのさき》でこの法を修行した」とあるから、室戸岬で修行をしたのは事実なのだろう。

この時の経験から出家の思いをさらに強くした空海は、24歳で『聾瞽指帰』を上梓。20歳から本格的に仏教を学び始め、22歳で悟りを開き、24歳で自分が生涯をかけて極める道を見出すというスピード感には、迷いが全く感じられない。

空海からのヒント

正式な学会に所属していないからこそ、自由に好きなことを学べる

空海が仏教を学び、修行したと伝わる場所

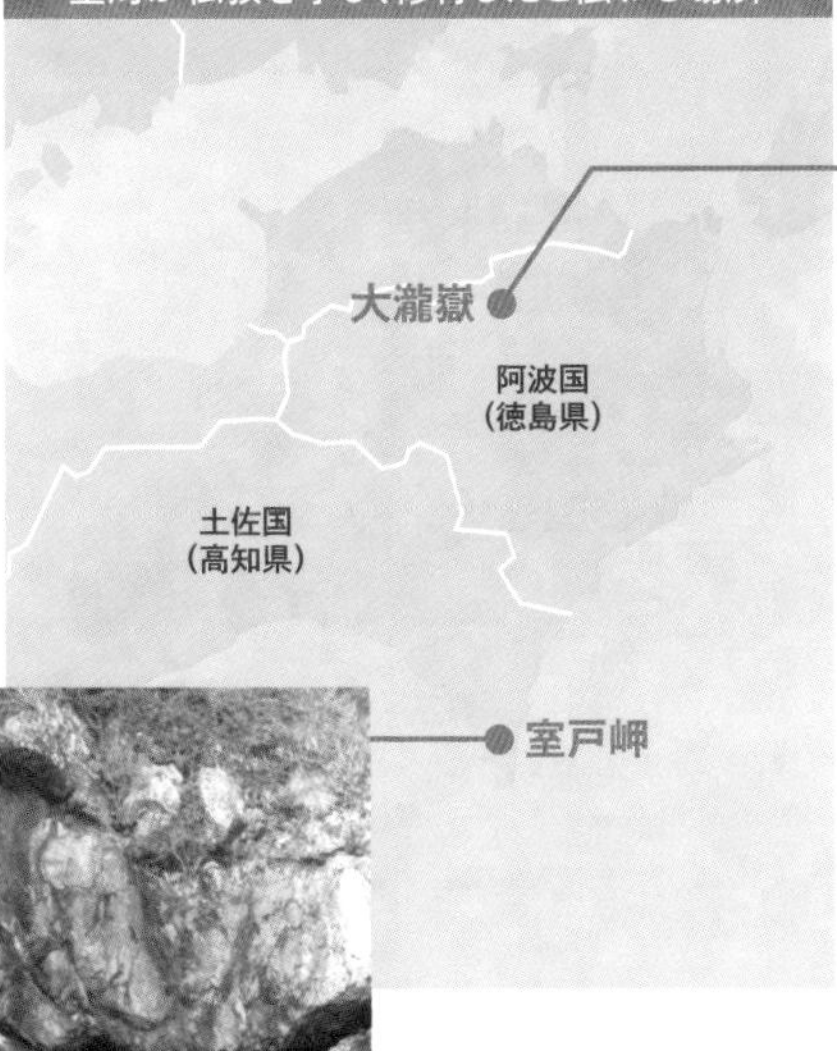

虚空蔵求聞持法修行をした
大瀧嶽の伝承地といわれる太龍寺《たいりゅうじ》

悟りを開いた場所と伝わる、
室戸岬の御厨人窟《みくろど》

797年

空海 24歳

悟りたいのに悟れないという苦悩の末「最高の教え」と考える大日経《だいにちきょう》と出合う

「悟り」は最初から自分の中にある

山林修行で自ら悟りを開いた空海だったが、彼にとって「悟り」とはなんだったのだろうか。そのヒントとなる言葉が、『性霊集《しょうりょうしゅう》』（空海の弟子、真済《しんぜい》が編集した空海の漢詩文集）7巻の「性薫《しょうくん》我を勧めて還源《げんげん》を思いとす。経路未だ知らず。岐《ちまた》に臨んで幾たびか泣く」という一説だ。性薫とは「誰にでも備わっている本来の仏の心」、還源とは「本源に還ること、迷いのない澄んだ世界（悟りの世界）に還ること」を意味する。意訳すると「私の中に備わっている仏の心が、迷いのない澄んだ世界に還りたい、悟りを得たいと強く望んでいる。それなのに、どの道に進めばいいか分からない。分かれ道を目の前にして、何度泣いたことだろう」となる。空海は「人には最初から仏の心があり、悟りの世界にいる。しかし雑念に惑わされて道に迷い、悟りの世界へ還る道を見失っている」と考えていたようだ。この一説は、晩年の空海が若き日の自分を振り返り、修行中の心情を述べたものである。天才肌の空海でさえ「悟りたいのに、その方法が分からない」と苦悩したのかと思うと、なかなか興味深い。

「悟り」に通じる大日経と出合う

この時期空海は「こんなに探しているのに、道が見えない」という絶望を抱えながら、各寺を巡って仏典を集め、研究していたようだ。さまざまな仏典を読んでも満足ができないという苦悩の中、

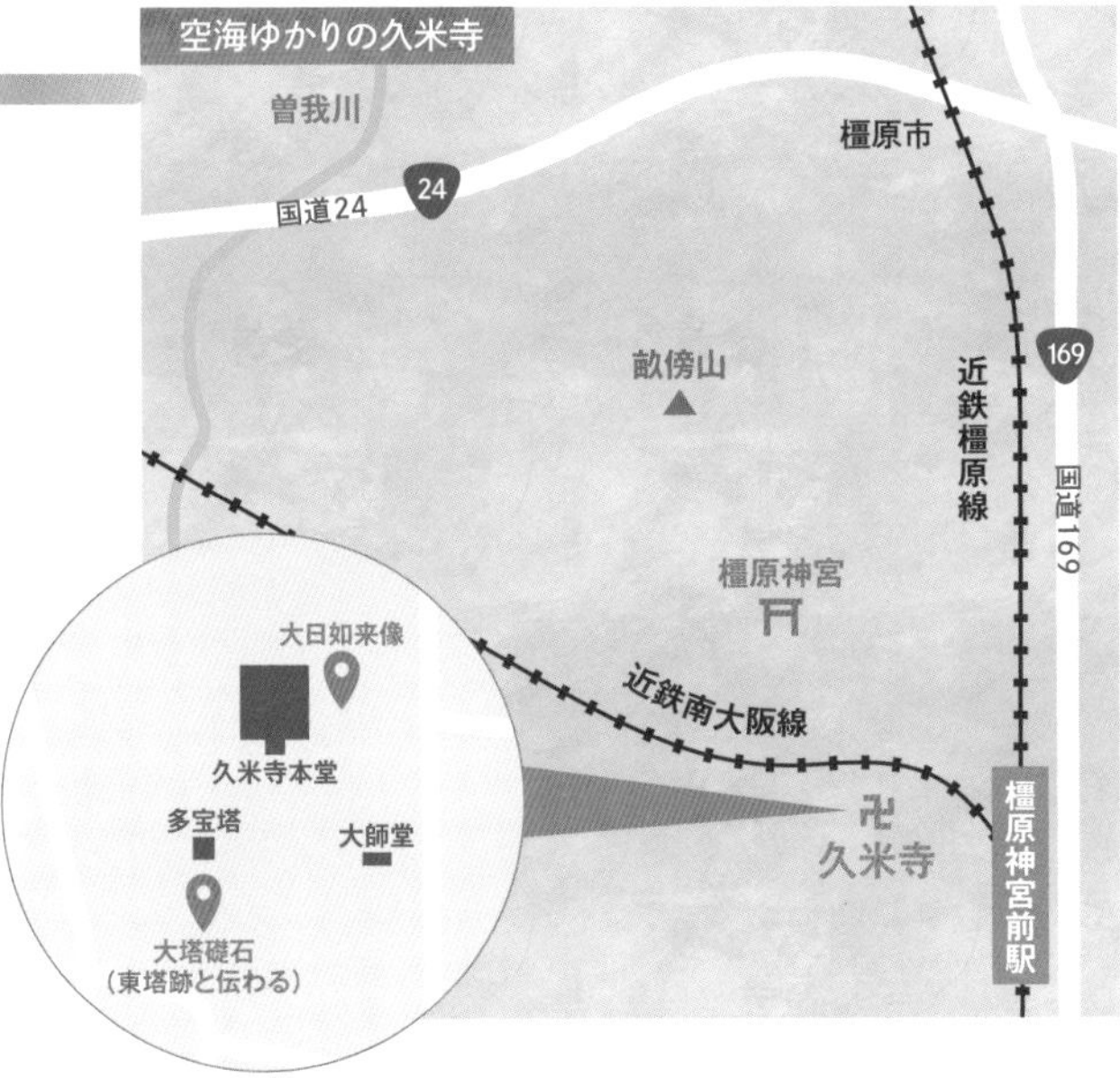

「久米寺《くめでら》の東塔に、お前が求めている経典がある」という夢のお告げを受け、大日経を発見。この経典の内容に感銘を受けた空海は、この時の喜びを「精誠感《せいせいかん》あって、この秘門《ひもん》を得たり（自分の真心が通じ、密教に会うことができた）」と『性霊集』で述べている。

大日如来《だいにちにょらい》が金剛薩埵《こんごうさった》の質問に答える形式で教えを説く密教の経典だが、非常に難解であることから当時の僧侶は手をつけていなかった。空海ですら「文《もん》に臨んで心昏うして（経典を読んでみたが、難しくて内容が理解できない）」と記している。一説によると空海が発見した大日経は2巻あり、1巻はなんとか理解できたが2巻はどうしても分からなかったらしい。そもそも密教経典がほとんどなく系統立てて教えてくれる師匠もいない日本では、大日経について理解することができない。そこで空海は「大日経（密教）」を教えてもらうために、唐に行きたい」と強く願うようになった。

空海からのヒント

進むべき道は自分の中にある。自分で行動し、その道を探そう

第1章
空海の処世術
803年
空海 30歳

朝廷が第16次遣唐使節団の派遣を発表 最澄《さいちょう》らが使節団の一員として唐へ向かう

第16次遣唐使節団が難波を出港

遣唐使の派遣は６３０～８９４年まで行われた国家事業で、期間中20回（実際に入唐したのは16回）行われている。目的は唐の先進的な技術や政治、文化や仏教を学び、国に持ち帰ること。毎回複数の船が派遣されており、各船には10名前後の留学生や留学僧《るがくそう》が参加していた。

朝廷は８０１年、第16次遣唐使節団の派遣を正式に決定。８０３年4月16日、4隻の遣唐使船が難波《なにわ》（現在の大阪湾）を出港した。大使は藤原葛野麻呂《ふじわらのかどのまろ》、副使は石川道益《いしかわのみちます》で、比叡山《ひえいざん》の最澄《さいちょう》、興福寺《こうふくじ》の霊仙《りょうせん》、貴族の橘逸勢《たちばなのはやなり》も参加している。ここで注目したいのが最澄の存在だ。最澄はこの時37歳。内供奉十禅師《ないぐぶじゅうぜんじ》（宮中で国家鎮護を祈祷する僧侶）の地位を得ており、通訳と従者が同伴するなど、今ふうに言うとVIP待遇である。唐に長期滞在して仏教を学ぶ留学僧ではなく、学業を修め一家を成した者が視察を含めて短期留学する請益僧《しょうやくそう》という扱いで、渡海の目的は天台山《てんだいさん》で天台宗《てんだいしゅう》を学ぶことだった。

暴風雨に見舞われ遣唐使船が沈没

4月16日に難波を出港した遣唐使船団は国内の港に立ち寄りながら筑紫大津浦《つくしのおおつうら》（現在の博多湾）を目指した。しかし4月21日、暴風雨に見舞われ難破。最澄や橘逸勢、霊仙が乗った船はなんとか筑紫に到着したが、船は損傷して航行不能となり死傷者も出てしまった。このまま外海に出ることはできないため、渡航は一時中断。筑紫にとどまり、船舶

第16次遣唐使節団がたどったルート

4月21日、暴風雨に遭って難破。渡航を一時中断し筑紫にとどまる

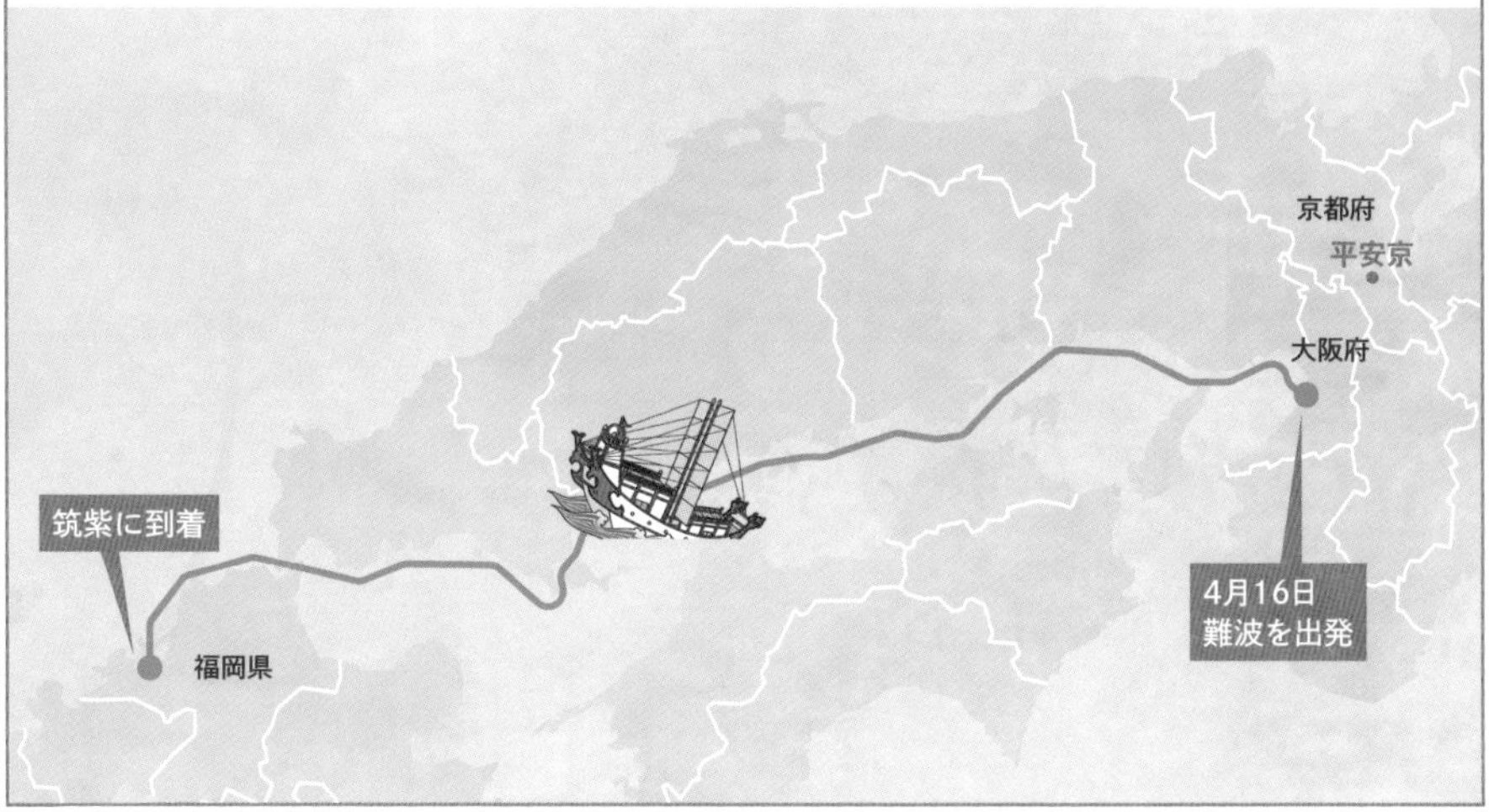

の修復や人員・物資の補充が行われることとなった。死者の出た船に乗っていた留学生や留学僧は再乗船できないことになっていたため、人員の追加も必要になってくる。改めて留学生と留学僧の2次募集が行われることとなったのだが、これに応募したのが空海だった。

　山林修行や経典研究に明け暮れていた空海にこの情報を教えたのは、伯父の阿刀大足《あとのおおたり》ではないだろうか。彼は伊予《いよ》親王の侍講（家庭教師）として中央政府に近い場所にいたから、遣唐使節団の状況を知ることはできただろう。唐に渡るのは命懸けだし、もともと空海の親族は彼が仏教の道に進むことに反対している。それでも2次募集の情報を伝えたということは、空海の熱意を認めたからかもしれない。

空海からのヒント

諦めずに時を待てばチャンスが巡ってくるし、周囲も理解してくれる

804年

空海 31歳

特例に次ぐ特例を重ねて官度僧《かんどそう》として認められ留学僧《るがくそう》として遣唐使節団に参加する資格を得る

空海はまだ正式な僧侶ではなかった

第16次遣唐使節団として派遣される留学僧の追加募集の件を、空海がいつ知ったのかは分からない。正規の遣唐使節団が難波《なにわ》を出発したのが803年4月16日なのだから、筑紫《つくし》への到着はどんなに早くても4月下旬。朝廷が留学僧の追加募集が必要だと知ったのは、5月に入ってからの可能性が高い。当然空海がその事実を知ったのは、もう少し後のはずだ。この情報を知った空海は、すぐさま阿刀大足《あとのおおたり》らを通して入唐を希望したと考えられるが、ここで一つ大きな問題が発生した。遣唐使派遣は国家事業であるため、使節団に参加できるのは官度僧（国が認めた寺で授戒《じゅかい》を受けた僧侶）だけなのだ。空海は出家し真剣に仏教を学んできたとはいえ私度僧《しどそう》であり、国は私度僧を禁止している。留学僧の追加募集に応募するためには、取り急ぎ官度僧になる必要があった。

官度僧への道のり

官度僧になるためには、まず国家試験（法相経《ほっそうきょう》か最勝王経《さいしょうおうきょう》の暗唱、宗派の教義に対する学科試験）に合格する必要がある。1年間の合格者数は毎年朝廷が決めて宗派によって振り分けており（年分度者《ねんぶんどしゃ》）、803年の合格枠は法相宗《ほっそうしゅう》5名、三論宗《さんろんしゅう》5名の計10名。国家資格に合格したら得度《とくど》が許される。最初は沙弥《しゃみ》（僧侶見習い）として数年間修行（沙弥行）を積み、正式な比丘《びく》（僧侶）になるための条件を全て満たしたと認められたら具足戒《ぐそくかい》を授けられる。授戒後に必修科目である律学《りつがく》を学び、ようやく一人前の官度僧として認められるのだ。

さて空海だが、803年12月に国家試験を受験。804年1月に大安寺《だいあんじ》三論宗の年分度者として得度し、沙弥行を積むことなく同年4月上旬に東大寺《とうだいじ》戒壇院《かいだんいん》で具足戒を受けている。5月には留学僧として遣唐使船に乗り込んでいるから、おそらく律学の学習も省略されたのだろう。本来であればあり得ない対応であり、遣唐使船の出発に間に合わせるため、形だけ整えたという見方ができなくもない。

これほどの異例を通すには、僧綱所《そうごうしょ》（仏教行政を担当する役所）・玄蕃寮《げんばりょう》（僧尼《そうに》の名簿を管理する機関）・式部省《しきぶしょう》（官吏登用試験などを司る機関）などの協力が必要不可欠。複数の機関を動かせるほど強力な後ろ盾がなければ、押し通せない処置である。後ろ盾として可能性が高いのが、阿刀大足の教え子である伊予《いよ》親王だ。桓武《かんむ》天皇から最も寵愛されていた伊予親王が強く推薦してくれたからこそ、空海は留学僧として渡海できたのではないだろうか。

空海からのヒント

大きな人脈やコネは小出しにせず、いざという時に大きく利用しよう

官度僧になるための流れ

●一般的な流れ	●空海の場合
出家	出家
↓	↓
年分度僧の試験を受験	年分度僧の試験を受験
↓	↓
得度	大安寺三論宗で得度
↓	↓
沙弥行を積む	沙弥行を省略
↓	↓
具足戒を授戒	東大寺戒壇院で具足戒を授戒
↓	↓
律学を学ぶ	律学の履修を省略
↓	↓
官度僧として認められる	官度僧になり遣唐使船に乗船

第1章
空海の処世術
804年
空海 31歳

遣唐使船の第1船に乗り唐を目指すが遭難 30日以上東シナ海を漂流し福州に漂着する

なんとか留学僧《るがくそう》として滑り込む

遣唐使節団として入唐する僧侶は大きく二つに分類される。一つは最澄《さいちょう》のような請益僧《しょうやくそう》。すでに国内で十分に学んだ僧侶がさらに学問を深めるために短期間留学するもので、渡航費や滞在費は全て国費で賄われる。もう一つは空海のような留学僧《るがくそう》。現地に長期滞在して仏教を学び修行するもので、空海の留学期間は20年。渡航費は国費だが、滞在中の学費や生活費は原則自費だ。実家の佐伯家や阿刀大足《あとのおおたり》の援助はあっただろうし、伊予《いよ》親王がスポンサーになったという説もあるが、莫大な留学費用を空海がどうやって捻出したのかは分かっていない。

いずれにせよギリギリのタイミングで留学僧の座を射止めた空海は、具足戒《ぐそくかい》を受けてからわずか1カ月後の８０４年5月12日、第16次遣唐使節団の補充人員として難波《なにわ》を出発。瀬戸内海経由でまずは太宰府《だざいふ》に向かった。

最澄《さいちょう》は1年間かけて入唐を決意

情報を得てから旅立つまでの空海の足取りはかなり慌ただしいものだったが、最澄はどうだったのだろうか。第16次遣唐使派遣が朝廷内で決定したのは８０１年のこと。藤原葛野麻呂《ふじわらのかどのまろ》が大使、石川道益《いしかわのみちます》が副使に任命されたのが8月10日なので、正式な発表はこの時期だったのではないかと思われる。空海は遣唐使派遣の情報を知ってすぐに入唐を希望しているが、最澄は1年近く熟考・検討。入唐を申し出たの

column

空海はどうやって留学費用を捻出した？

辰砂（左）と、辰砂から精製された水銀朱（右）

空海は地質や地学の知識を習得しており、山岳修行中に辰砂《しんしゃ》（水銀朱《すいぎんしゅ》の原料となる鉱石）の鉱脈を発見。辰砂から採取した水銀朱を寺院などに販売して、利益を得ていたのではないかという説がある。当時水銀朱は高級品として寺院の装飾に使用されていたから、経典研究で立ち寄った寺院に話を持ちかけることは可能だろう。また空海が修行したと伝わる徳島県からは辰砂の採掘を行った遺跡（若杉山《わかすぎやま》辰砂採掘遺跡）が出土していることから、地域的にも合致する。将来の学費を捻出するために商売するというのも、空海らしい行動だと思われる。

は802年9月8日だ。空海のような身軽な身分ではないため自分の意思で即決するのは難しいだろうが、かなり慎重に物事を進めているように見える。

最澄の乗った船は803年4月16日に出港するが、残念ながら国内で暴風雨に遭い渡海を断念。乗船していた留学生や留学僧は太宰府《だざいふ》の鴻臚館《こうろかん》（現在の福岡市中央区付近）に待機して、船の修理や人員・物資の補充が終わるのを待つことになった。当時の太宰府は政府の機関が置かれる要衝で、東アジアの交流拠点として賑わっていた。鴻臚館は迎賓館のような役割も果たしていたから、使節団の滞在にはちょうど良かったのだろう。

太宰府で最澄らと合流し渡海

空海たち補充人員は太宰府で本隊と合流。外海を渡る準備を整えるため数日間滞在したといわれる。空海も最澄と同じ鴻臚館に宿泊したと考えられるが、2人が交流したという記録はない。またこの時の遺唐使船は4隻だが、空海は第1船、最澄は第2船に乗っている。ごく近い場所にはいたのだろうが、お互いがお互いを知らなかった可能性の方が高いかもしれない。そもそも最澄は弟子や通訳の帯同を許可された請益僧であり、すでに仏教界では名の知れた存在だ。一方空海は自ら悟りを開いたとはいえ、官度僧《かんどそう》になって1年未満の無名僧。たとえ顔を合わせたとしても、気軽に話し掛けられる関係ではなかったように思われる。

　太宰府での準備を終えた遣唐使船は、那ノ津《なのつ》（現在の博多湾）を出港して五島列島方面へ向かった。かつての遣唐使船は朝鮮半島に沿って航行する安全性の高い北路をとっていたが、白村江《はくすきのえ》の戦いによって友好国だった百済《くだら》が唐・新羅《しらぎ》連合軍に敗北。新羅と敵対していた日本は拠点を失い、朝鮮半島に立ち寄ることができなくなった。このため660年代以降に出港した遣唐使船は、東シナ海を横断する南路を進まざるを得なくなる。このルートは悪天候の影響を受けやすく、過去に何度も海難事故や遭難に見舞われている。国内最後の寄港地となる肥前国松浦郡田ノ浦《ひぜんのくにまつらぐんたのうら》（現在の長崎県平戸市《ひらどし》とも、五島列島ともいわれる）を出港した際の心境を、空海は後に「本涯《ほんがい》を辞《じ》す（日本最果ての地を去る）」と記している。命を懸けて唐に渡るという覚悟が伝わるような言葉だ。

東シナ海で遭難し赤岸鎮《せきがんちん》に漂着

田ノ浦を発ってわずか1日後の7月7日午後8時ごろ、船団は暴風に襲われる。まもなく第3・4船とは連絡が取れなくなり、空海の乗る第1船も遭難。航路を大きく外れ、東シナ海を南へと流されていった。大使の藤原葛野麻呂は帰国後に「生死の間を行き来した。大波に翻弄されながら34日間海上を流された」と報告しているし、空海も当時を回想して「暴風が帆を穿《うが》ち、大風が舵を折った」と記している。難破船さながらの状態で東シナ海を漂った遣唐使船は、8月10日福州長渓県赤岸鎮《ふくしゅうちょうけいけんせきがんちん》（現在の福建省福州市《ふっけんしょうふくしゅうし》から北へ約250㎞に位置する港）に漂着。急死に一生を得たのである。

空海からのヒント

どんな状況でも絶望せず前向きに努力すれば、運が味方してくれる

空海の乗った第1船が漂流したルート

朝鮮半島沿いに進む北路は利用できないため
東シナ海を横断する南路で明州を目指すが遭難する

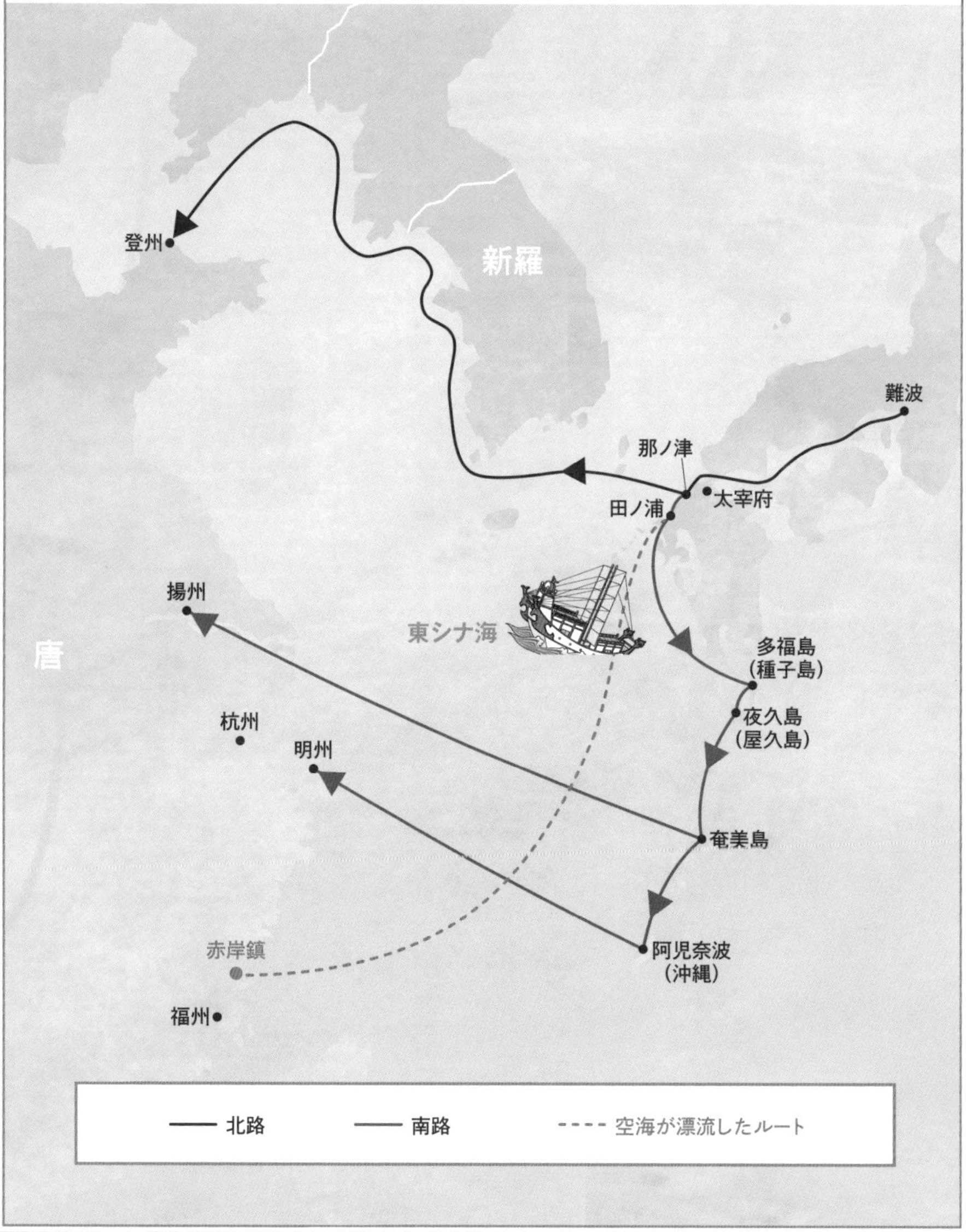

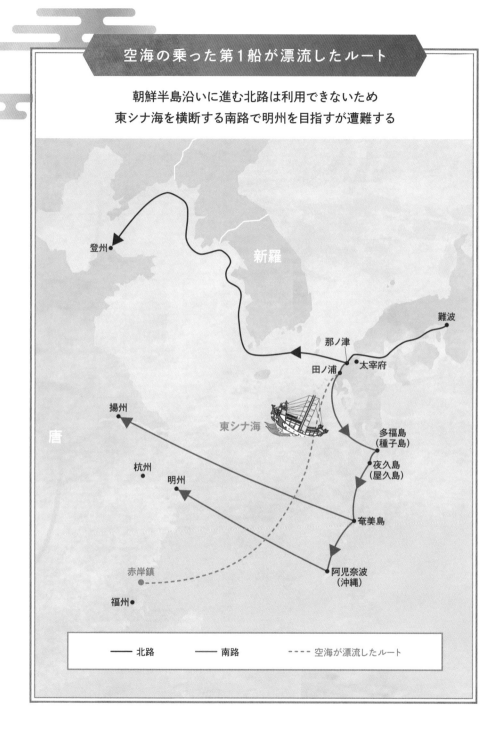

第1章
空海の処世術
804年
空海 31歳

本当に遣唐使かと疑われるが疑惑を晴らして長安《ちょうあん》入りの許可を得る

赤岸鎮《せきがんちん》から海路で福州《ふくしゅう》を目指す

遣唐使船は明州《めいしゅう》や杭州《こうしゅう》に入港し陸路や運河で長安へ向かうルートが大半であり、はるか南方の福州まで流されてきた例はない。遣唐使節団だと名乗る彼らをどう扱うべきなのか、赤岸鎮の担当者はさぞ困惑しただろう。県令の胡延沂《こえんぎ》は「ここでは対応できないので、福州の役所に向かうように」と指示。陸路は道が険しくて危険なので、安全のためにも海路を進んだ方が良いとアドバイスまでしている。

この時、福州の長官は病気で辞職しており、後任者はまだ着任していなかった。長官がいないのであれば、急いで向かっても無駄足になる。そもそも赤岸鎮から福州の役所までは約250㎞南下する必要があるのだが、難破船同様の遣唐使船は航海で

column

?? 最澄《さいちょう》の乗った第2船はどうなった？

第1船が漂流、第3・4船が太宰府《だざいふ》に引き返したのに対して、第2船の航海は比較的順調だった。7月7日の嵐は無事に切り抜けたようで、7月上旬にはすでに明州鄮県《ぼうけん》（現在の浙江省《せっこうしょう》）に到着している。7月25日に副使の石川道益《いしかわのみちます》が病没したため、8月中は明州に滞在。9月1日には判官の菅原清公《すがわらのきよきみ》が総勢27名を率いて出発し、11月15日に長安に入っている。最澄は長安に向かわず明州から直接天台山《てんだいさん》に向かっているため、空海と最澄が唐で出会うことはなかったようだ。

きない。一行は赤岸鎮に滞在し、船を修復しながら福州長官の後任者が着任するのを待つこととなった。

空海の文章力で一行の身分を証明する

赤岸鎮に何日滞在し空海が何をしていたかは伝わっていないが9月中～下旬には出港したようで、10月3日に福州に到着している。当時の福州は政治経済や外交交易の中心地で、港湾機能も充実していた。朝貢船との対応も慣れているはずなのだが、一行の船は倭寇《わこう》（海賊）と勘違いされ入国を拒否されてしまった。遣唐使節団の派遣は国家外交なので、船には印符《いんふ》（遣唐使の証）が与えられている。しかしこの印符は途中ではぐれた第2船に乗せられていたため、一行は自分たちを遣唐使だと証明できなかったのだ。

状況を打開するため、藤原葛野麻呂《ふじわらのかどのまろ》は観察使《かんさつし》（福州の長官）の閻済美《えんさいび》に上申書を提出。しかし事情説明がまずかったのか語学力に問題があったのか、さらに身分を疑われる事態となってしまった。そこで空海が「大使、福州ノ観察使ニ与フル為ノ書」を代筆。この文書に感銘を受けた閻済美が長安に取り次いでくれたことで、ようやく一行の長安入りが許可されたのである。外交折衝や渉外を補佐する判官《はんがん》や録事、通訳がいたにもかかわらず、なぜ空海が大使の文章を代筆したのかは分からない。本人から申し出たか、大使から依頼されたのかどちらかだろうが、空海が語学力や文章力に長けていたことを証明するエピソードといえるだろう。

ただ最初に長安入りを許可された人員には空海の名前が入っていなかった。空海の目的は「大日経《だいにちきょう》を学ぶこと」なので、福州に残されても困ってしまう。そこで空海は、閻済美に入京を希望する上申書（福州ノ観察使ニ与ヘテ入京スル啓）を提出。無事、長安入りのメンバーに加わることができた。

空海からのヒント

自分の考えを他人にきちんと伝えるため、語学力や文章力を磨こう

第1章
空海の処世術
804年
空海 31歳

約２４００㎞の道のりを昼夜を問わず進み ついに念願の長安《ちょうあん》に到着する

昼夜問わずの強行軍で長安を目指す

福州《ふくしゅう》到着から1カ月後となる11月3日、一行は福州を出発して長安へ向かった。メンバーは大使の藤原葛野麻呂《ふじわらのかどのまろ》と随行員、空海や橘逸勢《たちばなのはやなり》など留学僧や留学生の総勢23名である。現在は鉄道や車を乗り継いで移動できるが、当時の移動手段は徒歩と船（運河）しかない。長安までの約２４００㎞は、長く険しい道のりである。

もともと第1船は本来の航路から南に外れて漂流しており、赤岸鎮《せきがんちん》や福州で足止めを余儀なくされているため、旅程は大きく遅れている。遣唐使には「皇帝に挨拶する」という役割があるが、年内に長安に入らなければ朝賀《ちょうが》（皇帝に新年の喜びを奏上する儀式）に間に合わない。大使が朝賀に遅れるわけにいかないため、とにかく急がなければならなかった。

第1船の旅程がどれほど厳しかったかは、第2船メンバーの旅程と比較するとすぐに分かる。菅原清《すがわらのきよ》公《きみ》率いる第2船のメンバーは、明州《めいしゅう》を9月1日に出発し11月15日に長安に到着している。約１４００㎞の道のりを75日かけて進んでおり、1日の移動距離は約19㎞という行程だ。一方第1船のメンバーが長安に到着したのは12月23日。約２４００㎞の道のりをわずか50日で踏破しているのだ。１日50㎞近く進まなければこの旅程はこなせないことから、「星ニ発シ、星ニ宿ス。晨昏《しんこん》兼行セリ」という藤原葛野麻呂の報告書通り、昼夜問わず進む強行軍だったことがうかがえる。

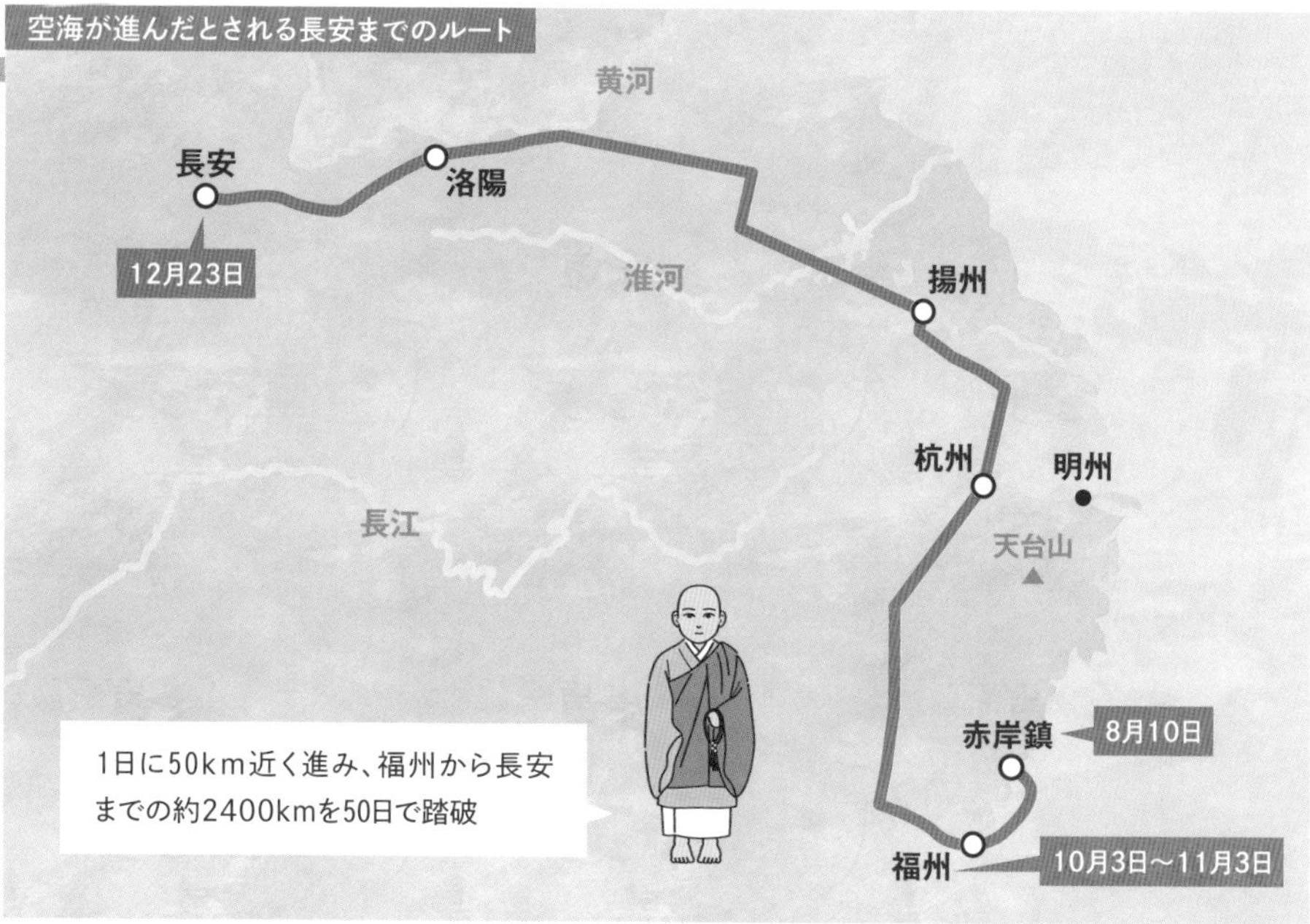

ついに長安に到着し公館に入る

12月23日、長安の城内に入った一行は宣陽坊《せんようぼう》の公館で第2船のメンバーと合流。空海も公館に滞在し、詩文や書、筆の作り方などを学んだといわれる。『旧唐書』には「使いを遣して来朝す。学生橘逸勢、学問僧空海を留む」とあるから、空海と橘逸勢《たちばなのはやなり》の交流はこのころから始まったようだ。橘逸勢も公館で、空海と一緒に書を学んでいたかもしれない。

朝賀など必要な儀式に参列した大使や随行員は年明けの805年2月11日に帰国の途に就く。空海は勅命により公館から西明寺《さいみょうじ》（現在の陝西省《せんせいしょう》西安市《せいあんし》）へ移動。念願の留学僧生活をスタートさせた。

空海からのヒント

自分の願いを叶えるためには、辛《つら》い経験を乗り越える必要がある

第1章
空海の処世術
805年
空海 32歳

密教の習得に必要な梵語《ぼんご》を学びながら各寺院の僧侶と交流を深めて人脈をつくる

先輩留学僧から求法《ぐほう》の情報を得る

長安で空海が寄宿先とした西明寺《さいみょうじ》（現在の陝西省《せいせんしょう》西安市《せいあんし》）は、656年に創建された仏教寺院である。インドの祇園精舎《ぎおんしょうじゃ》をモデルに建立したと伝わる巨大な寺で、数多くの留学僧がここに滞在している。この当時、西明寺では大安寺《だいあんじ》の永忠《ようちゅう》が学んでいた。永忠は渤海《ぼっかい》経由で長安に入った留学僧で当時62歳。空海は永忠の僧坊《そうぼう》（部屋）を譲り受ける形で西明寺に入っており、大安寺で得度した空海にとって永忠は兄弟子的な存在だ。永忠は長安《ちょうあん》に到着したばかりで求法の手がかりがない空海に、さまざまな情報を与えたと考えられる。親子ほど歳の違う2人は帰国後も親交を続けており、空海が永忠を慕っていたことが見受けられる。

密教受法のために梵語を学習する

密教では梵語（サンスクリット語）を原語のまま唱《とな》える。また梵字は、1文字1文字が密教の真理を表すとされている。密教を正しく理解するためには、梵語の習得が必要不可欠だった。空海もまずは梵語習得を目指したようで、醴泉寺《れいせんじ》の般若三蔵《はんにゃさんぞう》から梵語を学んでいる。醴泉寺や般若三蔵を紹介したのは、永忠だったかもしれない。般若三蔵はカシミール出身の僧侶で、梵語と梵字に詳しい。2人の師弟関係について詳しい史料は残されていないが、梵語に加えて『大乗本生心地観経《だいじょうほんじょうしんじかんぎょう》』やインド哲学の講義も受けていたようだ。また空海は般若三蔵から『華厳経《けごんきょう》』40巻、『大乗理趣六波羅蜜経《だいじょうりしゅろっぱらみったきょう》』10巻、梵語の原典など多くの貴重な経典を譲り受けている。

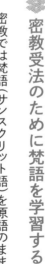

如来や菩薩、明王を表す梵語（サンスクリット語）の一例

バン

アン

カーン

大日如来

重要文化財　大日如来坐像　奈良国立博物館所蔵
画像提供　奈良国立博物館

普賢菩薩

重要美術品　普賢菩薩坐像　奈良国立博物館所蔵
画像提供　奈良国立博物館

不動明王

重要美術品　不動明王二童子像　奈良国立博物館所蔵
画像提供　奈良国立博物館

醴泉寺で学び認められたことで師匠との出会いにつながる

空海が入唐した年の804年、醴泉寺には金剛界《こんごうかい》の大曼荼羅《だいまんだら》が建立され、祈雨《きう》の修法が行われている。これらに携わったのが、後に空海の師匠となる青龍寺《せいりゅうじ》の恵果阿闍梨《けいかあじゃり》だ。804年の時点ですでに般若三蔵は醴泉寺に滞在していたので、恵果阿闍梨とは見知った仲だったろう。般若三蔵が恵果阿闍梨に「密教の習得を希望している留学僧がいる」と空海を推薦した可能性はある。また醴泉寺では恵果阿闍梨の弟子・義智が学んでおり、恵果阿闍梨も弟子を通して空海について聞いていたとみられる。このような人同士のつながりが、空海と青龍寺を結びつけたようだ。

空海からのヒント

さまざまな人と交流し人脈を広げていけば、目的の人物にたどり着ける

第1章
空海の処世術
805年
空海 32歳

中国密教の中心的人物である恵果阿闍梨《けいかあじゃり》から密教の全てを伝授され後継者と認められる

恵果阿闍梨と出会い大歓迎される

空海がいつごろから漢語（中国語）を学んでいたかは分からない。しかし福州《ふくしゅう》の長官が空海の文章を読んで感銘を受けていることから、入唐した時にはすでに漢語の読み書きは完璧だったようだ。梵語《ぼんご》の師匠となってくれた般若三蔵《はんにゃさんぞう》とは漢語でやりとりしていただろうから、会話や聞き取りも問題なくできたのだろう。漢語という下地があったからか梵語の習得も非常に早かったようで、805年5月下旬には梵語の習得を終えて青龍寺東塔院《せいりゅうじとうとういん》に恵果阿闍梨を尋ねている。

空海が師匠に選んだ恵果阿闍梨とは、どのような人物だったのだろうか。恵果は青龍寺の和尚で当時61歳。20歳のときに不空三蔵《ふくうさんぞう》から密教を授かり、伝法《でんぽう》阿闍梨（真言密教を他人に伝授する資格を与えられた僧侶）となり、多くの弟子を育ててきた。密教には胎蔵界《たいぞうかい》（大日経《だいにちきょう》）と金剛界《こんごうかい》（金剛頂経《こんごうちょうぎょう》）の二つの世界（部）があるが、恵果は両方の世界を正しく深く理解しており、密教の全てを伝えることができる一流の人物であった。

空海と対面した恵果は大いに喜び、「私は以前から、いつかあなたが来るだろうと思って待っていた。ようやくあなたに会えて、本当にうれしい」と語ったという。

わずか3カ月で密教の全てを授かる

このころ恵果は体調を崩しており、後継者不在に悩んでいた。以前から評判を耳にしていた空海が自分に会いに来るのを心待ちにしていたのだろう。出会ってすぐに空海の資質を見抜き自分の後継者として見定めたようで、ただちに灌頂《かんじょう》（阿闍梨の資格を得るための儀式）を受けるように勧めている。

空海は恵果から最先端かつ最高の密教を授けられ、わずか数カ月の間に胎蔵界と金剛界の二つの世界を完全に理解したようだ。梵語の事前学習が大いに役立ったようで、恵果も「漢語も梵語も同じように使いこなしている」と感心している。学習と同時進行で儀式も受けており、6月上旬・7月上旬・8月上旬の3回にわたって灌頂を受法。8月上旬の灌頂で伝法阿闍梨となり遍照金剛《へんじょうこんごう》の法号を授けられた空海は、真言密教の両部（胎蔵界と金剛界）の教えを伝授する資格を得た。

空海は帰国時に数多くの教典を持ち帰っているが、持ち帰った教典のほとんどは日本国内に存在しないものだった。つまり空海は、国内にある教典に全て目を通して内容を覚え、「国内にないもの」だけを選んで持ち帰っている。ここまでの下準備があったからこそ、わずか3カ月で密教を完全に理解できたのではないだろうか。

空海からのヒント

専門知識の学習に入る前に、基礎学力や語学力をしっかり固めておこう

密教の系譜と伝承の流れ

密教

胎蔵界（大日経）　金剛界（金剛頂経）

それぞれの世界（部）を師から弟子へ伝授

伝持《でんじ》の八祖	
第一祖	龍猛《りゅうみょう》
第二祖	龍智《りゅうち》
第三祖	金剛智《こんごうち》
第四祖	不空《ふくう》
第五祖	善無畏《ぜんむい》
第六祖	一行《いちぎょう》
第七祖	恵果
第八祖	空海

付法《ふほう》の八祖	
第一祖	大日如来《だいにちにょらい》
第二祖	金剛薩埵《こんごうさった》
第三祖	龍猛
第四祖	龍智
第五祖	金剛智
第六祖	不空
第七祖	恵果
第八祖	空海

第1章
空海の処世術

805年

空海 32歳

「日本で密教を広めよ」という遺言を果たすため留学して1年経たないうちに帰国準備を始める

日本に持ち帰る経典や仏具を用意

空海は伝法阿闍梨《でんぽうあじゃり》となり、遍照金剛《へんじょうこんごう》の法号を与えられた。遍照とは毘盧遮那仏《びるしゃなぶつ》のことであり、大日如来《だいにちにょらい》が進化した姿が毘盧遮那仏である。大日経《だいにちきょう》との出会いから入唐求法を志した空海には、最もふさわしく喜ばしい法号だっただろう。空海は慣例に則って５００人の僧侶を招いた斎筵《さいえん》（飲食を伴う法会）を催している。

儀式が全て終わった後、空海は密教経典の書写、曼荼羅《まんだら》や仏具の製作に取り掛かった。密教経典は写経生を雇って約３００巻物を書写、曼荼羅や仏具は朝廷専属の画家と鋳博士《いものはかせ》に新造を依頼している。

空海が長安に到着したのは８０４年12月末で、留学僧として本格的に学習を始めたのは８０５年2月以降と推察される。いくら真言密教の全てを学び終えたからといって、1年も経たないうちに帰国準備を始めるのは早急すぎないだろうか。ただ空海には空海なりの思いと事情があった。

恵果《けいか》の遺言に従い帰国を決意する

恵果阿闍梨は空海を後継者と認め、自分の全てを引き継がせた。密教の伝授はもちろんだが、恵果は灌頂《かんじょう》後の空海に自分の衣鉢《いはつ》（袈裟《けさ》、椀、箸など）を与えている。これらは第五祖の金剛智《こんごうち》から第六祖の不空《ふくう》へ、第六祖の不空から第七祖の恵果へと相伝されたもの。長年恵果のもとで学んできた弟子たちの中には「なぜ師事して半年足らずの留学僧が後継者なのだ」と不満を持つ者もいただろう。空海に衣鉢を与えることで、「空海こそ自分の後継者である」と宣言したと思われる。

恵果は空海に「密教については全て教えた。早く日本に帰り、この教えを広めなさい」と遺言し、805年12月15日に亡くなっている。入滅の夜には空海の前に現れて「東国に生まれ変わって、必ずあなたの弟子になろう」と告げたとも伝わる。空海が多くの弟子の中から選ばれて恵果の碑銘を書いたのは、書家としての実力に加えて「恵果の後継者である」という部分もあったのではないだろうか。

空海が帰国を急いだのは、恵果の遺言通りに日本で密教を広めるためと考えられる。そもそも空海の留学期間は20年だが、この時代の平均寿命は40歳くらい。唐で学んでいる間に寿命を迎える可能性もあるし、50代になってから帰国したのでは日本で密教を十分に広めることはできないだろう。こうした焦りが「早く帰国しなければ」という思いにつながった。

実際、空海は62歳で入定している。彼が20年の留学期間を守り51歳で帰国していたら、日本に密教は存在しなかったかもしれない。

空海からのヒント

時間は有限。年齢から人生の残り時間を逆算し、有効な時間の使い方を考えよう

主な人物の生年と没年（数え年）

名前	生年	没年	享年
般若三蔵《はんにゃさんぞう》	734年	806年	73歳
佐伯今毛人《さえきのいまえみし》	719年	790年	72歳
不空三蔵《ふくうさんぞう》	705年	774年	70歳
桓武《かんむ》天皇	737年	806年	70歳
橘逸勢《たちばなのはやなり》	782年	844年	63歳
空海《くうかい》	774年	835年	62歳
恵果《けいか》	746年	805年	60歳
最澄《さいちょう》	767年	822年	56歳

師匠の恵果阿闍梨は60歳で亡くなっている。20年後に50代で帰国した場合、密教を日本に広める時間は10年程度しか残されていない！

第1章
空海の処世術
806年
空海 33歳

急遽派遣された高階遠成《たかしなのとおなり》のおかげで希望通り日本への早期帰国が実現する

大使の帰国直後に派遣が決定

８０５年７月、大使の藤原葛野麻呂《ふじわらのかどのまろ》が帰国。短期留学の予定だった最澄《さいちょう》は大使と明州《めいしゅう》で合流し、一緒に帰国している。その直後、なぜか朝廷は次の遣唐使派遣を決定。高階遠成を急遽遣唐使判官《はんがん》に任命し、その年のうちに出発させた。もともと遣唐使の派遣は不定期であり、途中で航行不能になった船を修復して再出発させることや、来日した随行員を唐に送り届けるために派遣することはあっても、立て続けに派遣されることはまずない。もし高階遠成が唐からの随行員を送るために派遣されたのであれば、藤原葛野麻呂の報告書に随行員の名前や人数が記されているはずだが、その記載はない。東シナ海で遭難して入唐できなかった第３船と第４船が改めて派遣されたとする説や、８０５年１月に即位した新皇帝（順宗《じゅんそう》）に朝貢するためという説もあるが、高階遠成が唐に派遣された目的は明確にされていない。

高階遠成に早期帰国を願い出る

高階遠成らが長安に到着したのは、空海の師である恵果《けいか》が亡くなった直後の８０５年12月下旬と推察される。密教の全てを学び終え、恵果から「早く日本に帰って密教を広めなさい」と遺言された空海は、即座に帰国を訴えたようだ。高階遠成はその熱意に打たれたのか、空海の帰国を上奏《じょうそう》。『旧唐書』には「日本の国使である高階遠成が、『空海と橘逸勢《たちばなのはやなり》が、芸業が成功したので帰国を希望している』と伝えてきた。国使と共に帰国することを願い出ているので、許可した」という記録がある。

遣唐使判官に急遽任命され準備期間もほとんどないまま出発させられた高階遠成は非常に不運だったが、空海にとっては幸いだった。もしこのとき高階遠成が上奏していなければ空海の帰国は認められず、次の遣唐使船が派遣される838年まで長安に滞在することになっていただろう。高階遠成は806年3月下旬に長安を出発。空海も「20年計画の留学の成果は、十分に果たされた」という満足感のもと、橘逸勢と共に帰国の途についた。

越州《えっしゅう》でさまざまな資料を集める

長安を発った空海は、途中で越州（現在の浙江省《せっこうしょう》）に立ち寄り、節度使《せつどし》（土地の長官）の協力を得てさまざまな資料を収集している。仏教教典はもちろん、文学や美術、医学など収集分野は多岐にわたり、建築学についてもここで学んだのではないかといわれる。また浙江省杭州市西湖区《こうしゅうしせいこく》の霊隠寺《れいいんじ》には空海が滞在して学んだという言い伝えもあり、越州には5カ月近く滞在したといわれる。

空海からのヒント

運も実力のうち。タイミングを逃さないために、即断・即実行しよう

空海が帰路に滞在した場所

越州に滞在してさまざまな分野の資料を収集。その後、明州に移動し、船で帰国の途についた。

806年

空海 33歳

朝廷との約束を破って帰国してしまったため上京の許可が出ないまま筑紫《つくし》に滞在させられる

国との約束を破って帰国した代償

空海や橘逸勢《たちばなのはやなり》を伴って長安を出発した高階遠成《たかしなのとおなり》は、越州《えつしゅう》を経由して明州《めいしゅう》に到着。806年8月ごろに明州の港から出港して、日本を目指している。空海の記録によると復路でも暴風雨に遭遇し、五島列島の福江島《ふくえじま》でしばらく停泊したようだ。復路で遭難して沈没する遣唐使船もある中、往路復路ともに暴風雨に遭遇したにもかかわらず目的地に到着しているのだから、空海は本当に運が良い。復路の遣唐使船は同年10月に筑紫に到着し、空海は鴻臚館《こうろかん》（現在の福岡市中央区付近）に入った。

通常であれば太宰府《だざいふ》にしばらく滞在した後に上京するのだが、ここで空海の存在が問題となった。空海としては「日本で密教を広めたい」という熱意を持って帰国しているのだが、朝廷はそんな事情を知らない。いくら唐側が帰国を認めたからといって、留学期間20年の約束で入唐した留学僧がわずか2年で帰国するなど約束違反である。高階遠成から「空海も一緒に帰国したが、上京させても良いか？」とお伺いを立てられ、「なぜ帰ってきたのか」と驚いただろう。結局空海の入京許可は出ず、高階遠成は空海を残したまま太宰府を発っている。

高階遠成は空海を迎えに行ったのではないかという説もあるが、迎えに行くほど重要な人物を入京させないのは不自然だ。また藤原葛野麻呂《ふじわらのかどのまろ》は空海が恵果《けいか》に師事する前に長安を出ているし、空海が早期帰国を望むようになったのは高階遠成が遣唐使判官に任命された後（伝法阿闍梨《でんぽうあじゃり》となった8月上旬以降）と思われるので、朝廷が空海の希望を把握していたとは考えにくい。2人の出会いは偶然だろうが、空海の熱意と強運が高階遠成を引き寄せたのかもしれない。

鴻臚館から観世音寺《かんぜおんじ》に移る

たとえ入京が認められなくても、密教を広めることはできる。空海は高階遠成に御請来目録《ごしょうらいもくろく》（空海が唐から持ち帰った経典や梵字《ぼんじ》真言集、曼荼羅《まんだら》や仏具などの目録）を託した。日本国内には存在しない貴重な文物ばかりであり、「この目録を見れば、密教の素晴らしさを理解してもらえるだろう」と考えたのかもしれない。この目録は高階遠成によって朝廷に献上されており、おそらく最澄《さいちょう》も早い時期に目を通したと思われる。この後空海は鴻臚館から観世音寺に移動する。

叱責や処罰があっても不思議ではないのだが、この当時は空海の後ろ盾である伊予《いよ》親王が存命である。なんらかの忖度《そんたく》が働いたのか、あいまいな立場のまま太宰府での滞在が続いた。

空海からのヒント

人からの注目を集めたいなら、決定権のある人や権力者に実績をアピールしよう

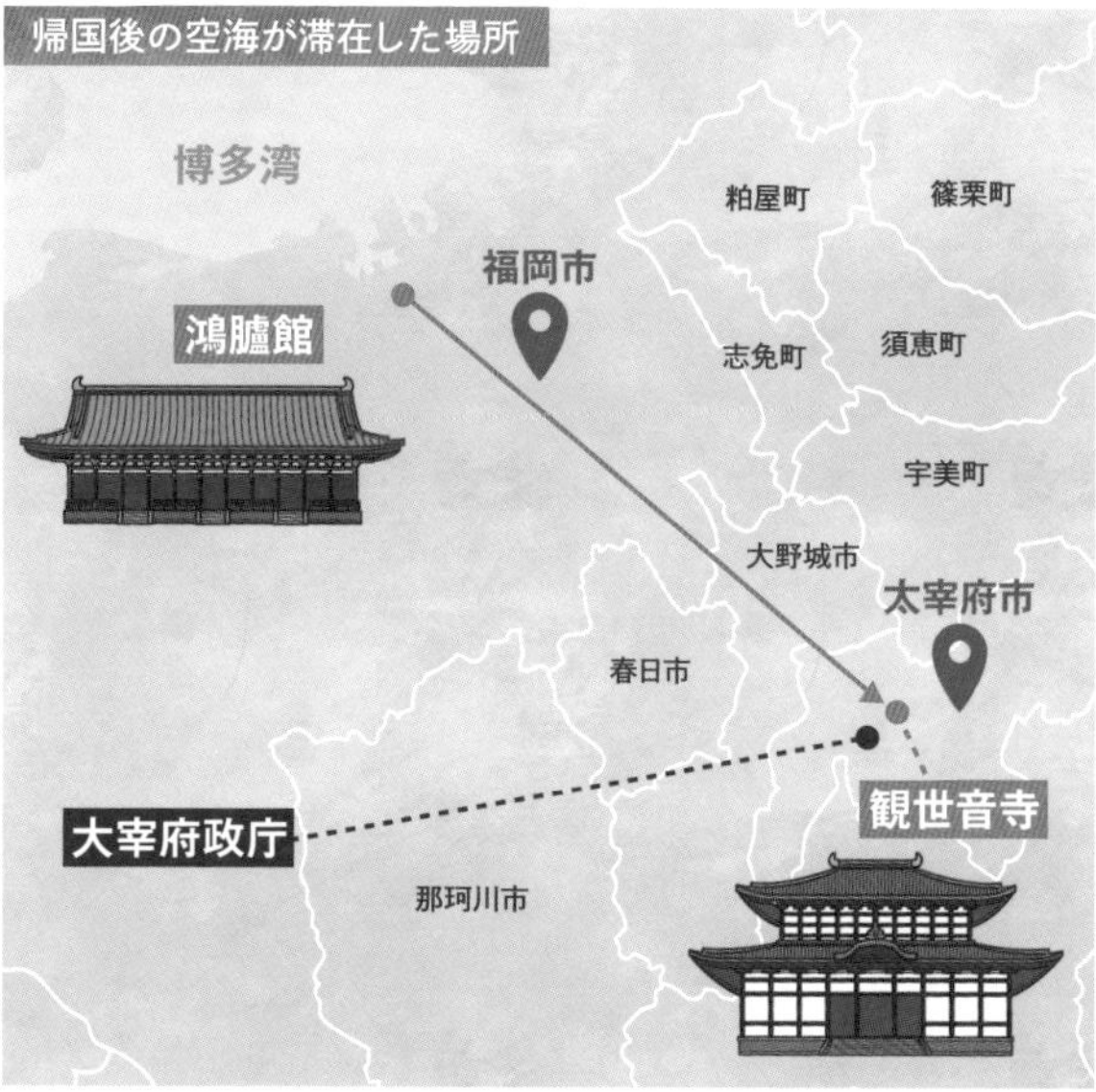

第1章
空海の処世術
807年
空海 34歳

筑紫国《つくしのくに》に密教寺院を建立するなど九州、四国、山陽に密教の教えを広める

まずは自分のいる場所で活動する

もともと空海は、密教を広めるために帰国したのである。入京できないなら今いる場所で密教を広めればいいと考えたのか、筑紫国を拠点に布教活動を行っている。帰国直後の８０６年には、真言密教が東方に長く伝わるようにと祈願して東長寺《とうちょうじ》（福岡県福岡市）を建立。空海が創建した寺としては最古とされており、五重塔には空海が持ち帰ったといわれる仏舎利《ぶっしゃり》（釈迦《しゃか》の遺骨）が納められている。また宗像大社《むなかたたいしゃ》の近くにある洞窟で修行をした際には「この地は国家鎮護を祈る霊場である」というお告げを受け鎮国寺《ちんこくじ》（福岡県宗像市）を開創。帰国後に滝行をしたと伝わる若杉山明王院《わかすぎさんみょうおういん》や、若杉山で修行をした際に庵《いおり》を結んだ地に建つという太祖山金剛頂院《たいそさんこんごうちょういん》（いずれも福岡県篠栗町《ささぐりまち》）など、さまざまな足跡を残している。８０７年2月には大宰少弐《だざいのしょうに》（大宰府の次官）の母親の法要を密教様式で行うなど、密教の教えを着実に広めていったようだ。

全国巡礼の伝説を生んだ太宰府時代

大宰府が８０７年4月29日に観世音寺《かんぜおんじ》に宛てた文章によると、「唐から帰国した空海を、入京の日まで観世音寺に止住《しじゅう》させること」と記されている。この文章だけ見ると空海は観世音寺に滞在していたように見えるのだが、そもそも空海がそんな言いつけを守るだろうか。

観世音寺は天智《てんじ》天皇発願の寺院で、７６１年には戒壇院《かいだんいん》も設けられた大寺院（当時戒壇院は、

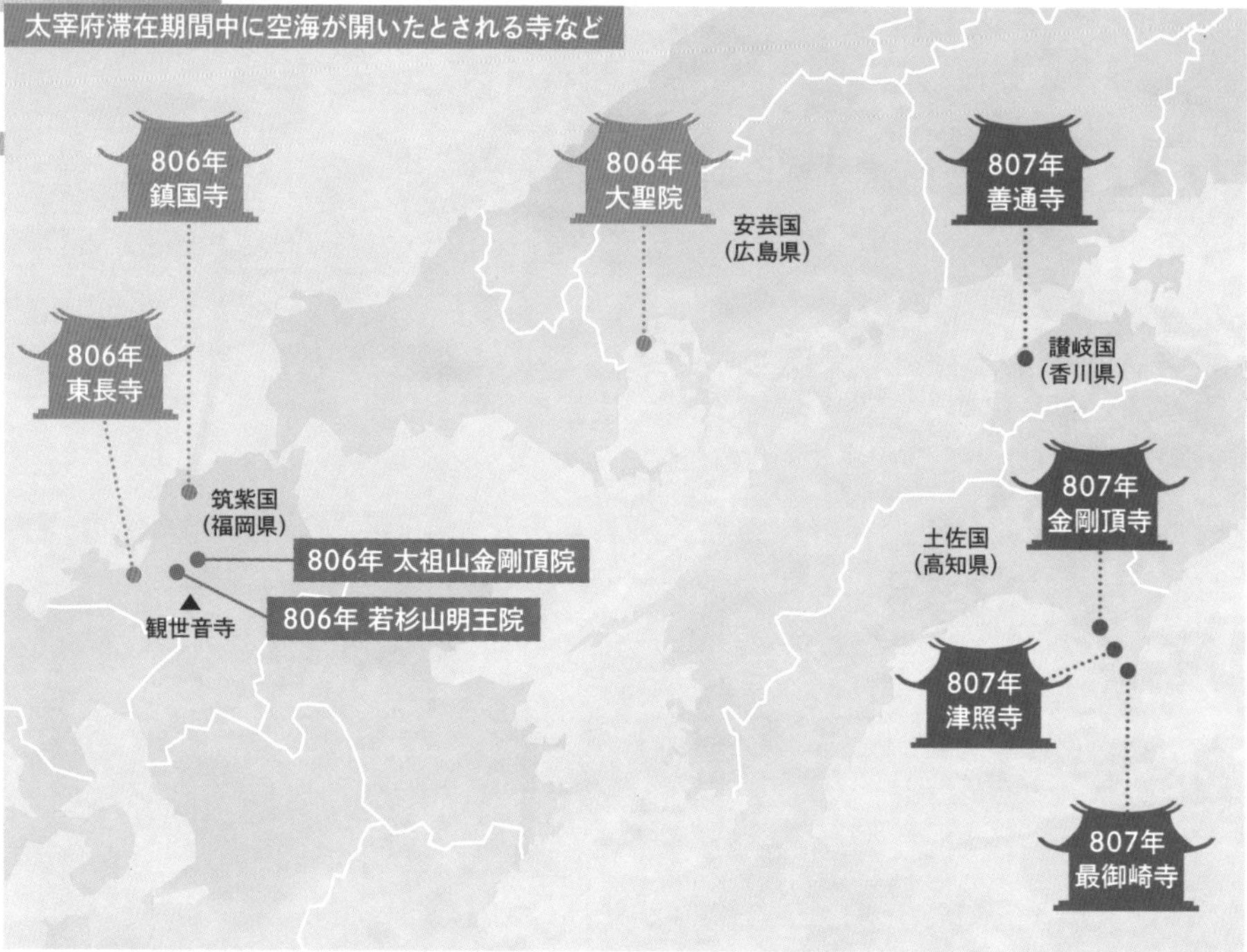

東大寺《とうだいじ》、観世音寺、下野薬師寺《しもつけやくしじ》の3カ所のみ)である。この寺で学ぶことも多かっただろうが、学び終わった後はどうしただろう。太宰府滞在期間は記録が少ないのだが、九州、山陽、四国などを巡礼して密教を広めていたという説がある。例えば大聖院《だいしょういん》(広島県廿日市市《はつかいちし》)は806年、善通寺《ぜんつうじ》(香川県善通寺市)、最御崎寺《ほつみさきじ》・津照寺《しんしょうじ》・金剛頂寺《こんごうちょうじ》(いずれも高知県室戸市《むろとし》)は807年空海開基と伝わる寺で、「空海の修行地」や「空海開基」は全国各地に点在している。

さすがの空海も東北や関東に足を運ぶのは難しかったと思うが、善通寺は空海の出生地のすぐ近くであり、室戸岬は空海が悟りを開いた場所である。滞在地に指定された筑紫国と、出生地である四国、その中継地点である山陽地方くらいであれば、実際に出向いていても自然に思える。

空海からのヒント

布教活動をするならまずは近くにいる人から。距離を縮めながらしっかり話そう

809年

空海 36歳

平城《へいぜい》天皇在位中は上京が認められなかったが最澄《さいちょう》の取りなしもあり809年に入京が叶う

伊予《いよ》親王の変で後ろ盾を失う

806年10月ごろに唐から帰国した空海は、太宰府《だざいふ》の観世音寺《かんぜおんじ》を拠点に真言密教《しんごんみっきょう》を広めていた。謹慎中ともいえる状態ではあるが、比較的自由に動き回って各地で布教しており、朝廷が空海の行動を監視している様子もないため、罰するつもりはなかったのだろう。すぐに上京させなかったのは、朝廷内の権力争いも関わっているようだ。

空海の後ろ盾は伊予《いよ》親王と、彼の侍講《じこう》（家庭教師）として活躍した伯父の阿刀大足《あとのおおたり》である。伊予親王は桓武《かんむ》天皇の第三皇子で、桓武天皇にもっとも愛されたとされる人物だ。残念ながら空海の帰国前に桓武天皇が崩御。伊予親王は父親の後ろ盾を失い、微妙な立場となってしまう。桓武天皇崩御後に即位した平城天皇は桓武天皇の第一皇子なのだが、この父子はあまり関係が良くなかった。平城天皇としては、自分とは微妙な関係だった父が寵愛した異母弟（伊予親王）の存在はおもしろくなかっただろう。即位からしばらくは関係も良好だったのだが807年10月、伊予親王は平城天皇に対する謀反《むほん》の罪で捕縛され、自害に追いやられてしまう（伊予親王の変）。阿刀大足もこれに巻き込まれて失脚し、空海は朝廷での後ろ盾を失ってしまった。

最澄の取りなしもあって、入京が実現

太宰府にいた空海はこの件に全く関与していないし、そもそも朝廷内での権力争いと留学僧の入京許可は別問題である。ただ平城天皇の中に、自分を

蔑《ないがし》ろにした父や、謀反を企てた異母弟（伊予親王）が好んだものを遠ざけたいという心情が芽生えても不思議ではない。平城天皇の在位中、空海の入京許可が出ることはなかった。

空海が上京を許されたのは809年のこと。まずは和泉国《いずみのくに》槇尾山寺《まきのおさんじ》（現在の槇尾山施福寺《まきのおさんせふくじ》）に滞在し、7月になってから入京して高雄山寺《たかおさんじ》（現在の神護寺《じんごじ》）に入っている。平城天皇の譲位により嵯峨《さが》天皇が即位したのが809年4月1日なので、「嵯峨天皇即位のタイミングで上京許可が出た」と考えることもできるだろう。

また空海の入京が実現したのは、最澄の影響力も大きい。最澄はもともと短期留学の予定だったので、天台山《てんだいさん》で学んだ後に805年7月に正規のルートで帰国。帰国後すぐに桓武天皇の病気平癒の祈祷を行い、平城天皇からも厚く帰依されていた。最澄はもともと天台山で天台宗《てんだいしゅう》を学ぶために入唐したのだが、越州《えっしゅう》の霊巌寺《れいがんじ》で密教も学んでいる。空海が上奏した御請来目録《ごしょうらいもくろく》を見て「自分の学んだ密教には足りない部分がある」と感じたのだろう。空海から密教を学ぶため、空海が上京できるように取りなしたともいわれている。

空海からのヒント

派閥争いに巻き込まれないよう、権力とはある程度距離を置いて付き合おう

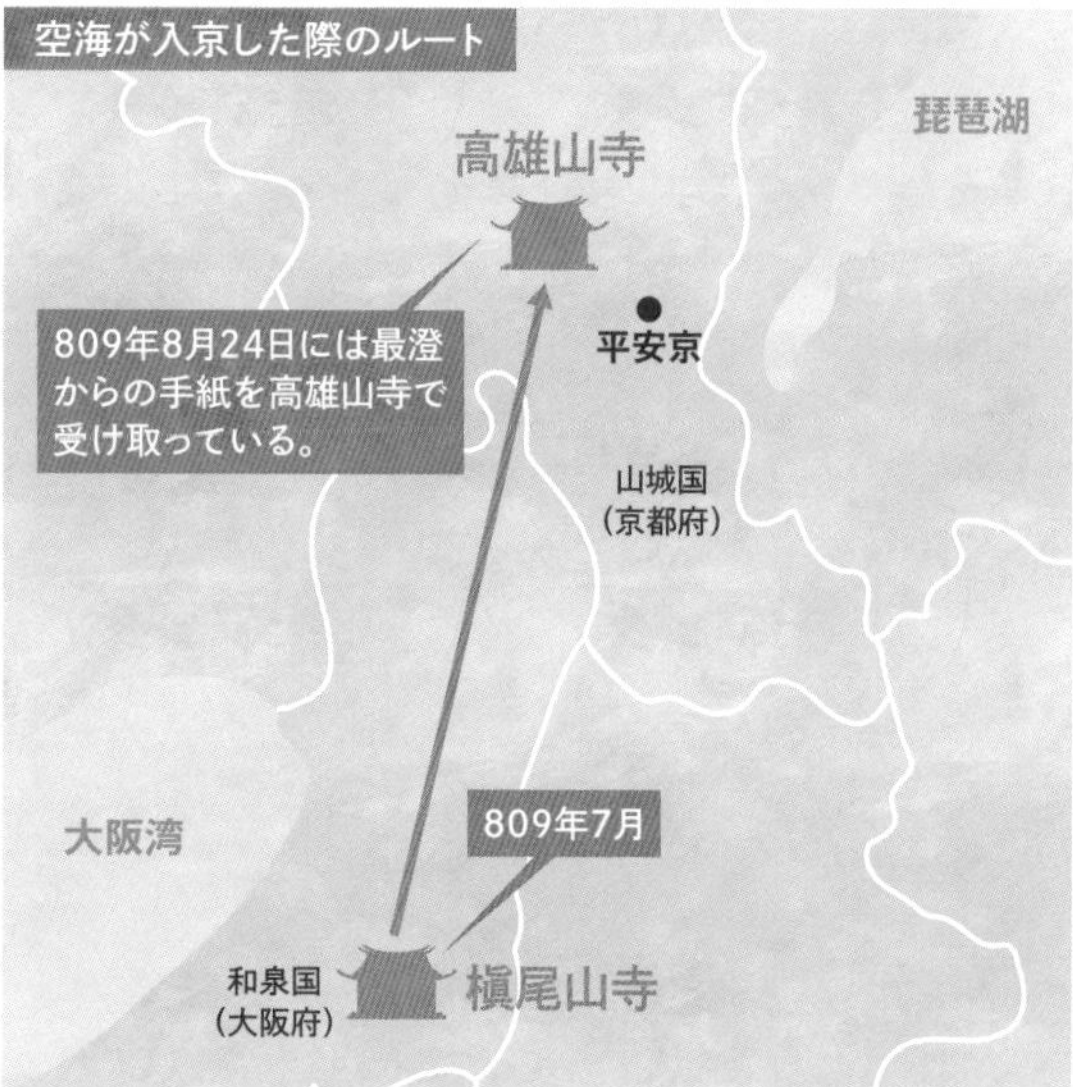

空海を知る①

書道家としての空海

日本書道文化の基礎を築き、嵯峨《さが》天皇、橘逸勢《たちばなのはやなり》と共に三筆の一人に数えられる

長安の宮中の壁面に書かれている王羲之《おうぎし》（書聖と呼ばれる東晋《とうしん》時代の能書家）の書は、長い歳月により一部が消えてしまっていた。しかし修復する者がいない。「空海という留学僧は書の達人らしい」という噂を聞いた皇帝は空海を宮中に呼び寄せて修復を命じた。空海は両手両足に筆を持ち、口にも筆をくわえると、5本の筆で5種類の書体を書き分け、即座に修復した。皇帝は非常に驚き、空海に「五筆和尚《ごひつわじょう》」の称号を与えた…。数多く残る空海伝説の一つである。皇帝の前でアクロバティックなパフォーマンスを披露したかどうかは分からないが、空海の書が長安でも高く評価されていたことを表す逸話といえるだろう。

空海は書を「心情を発露し、季節や万物の形に沿って書くもの」と表現。『性霊集《しょうりょうしゅう》』では「字形がまとまれば良いというわけではない」「書の根源は心を敬うことにある」と説き、文字の美しさより表現力が重要だと述べている。

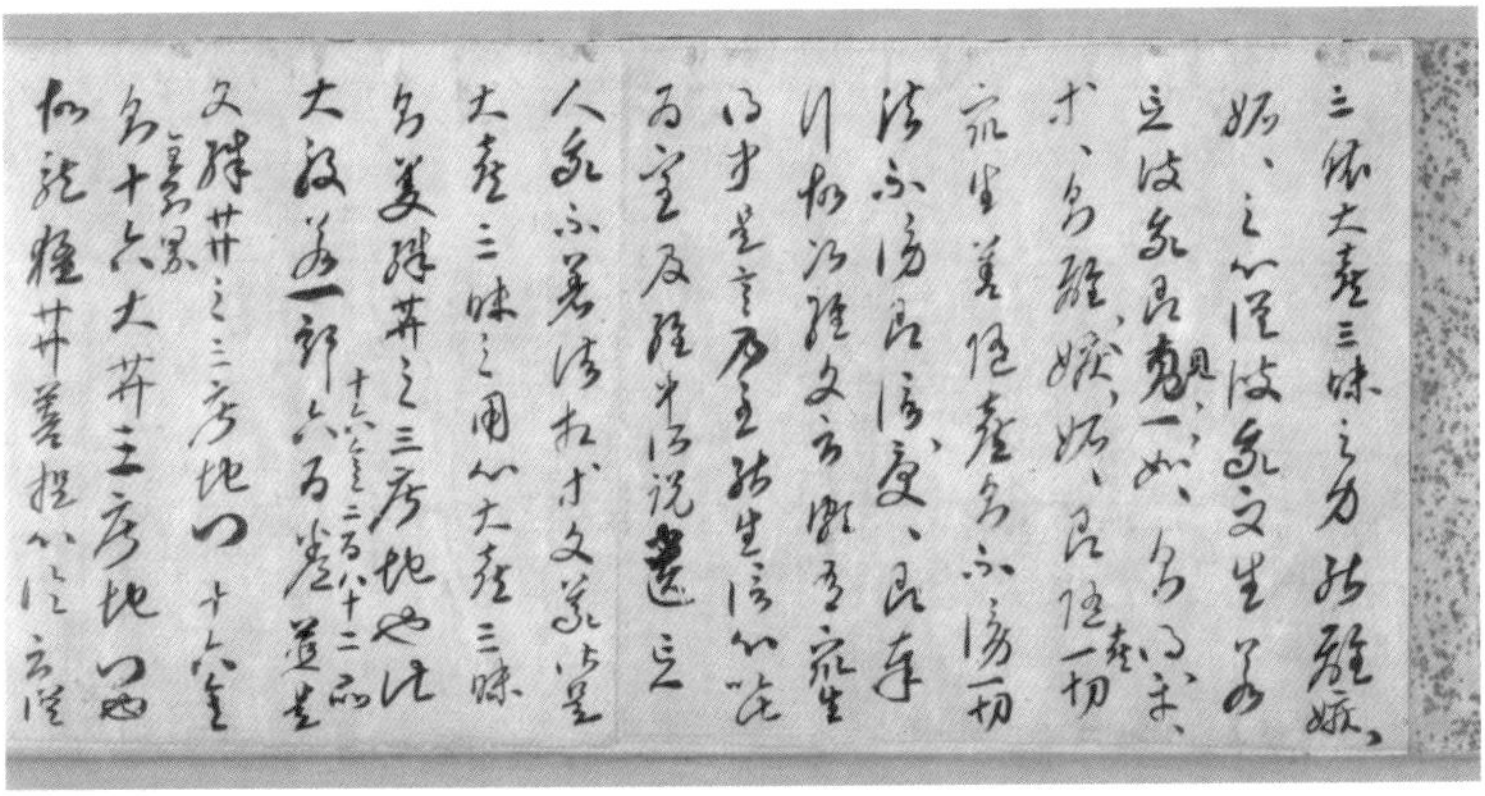

国宝　空海筆　金剛般若経開題残巻（三十八行）　奈良国立博物館所蔵　　画像提供　奈良国立博物館

第2章

空海の考え方から見る教え

～空海の交渉術

806年
空海 33歳

南都六宗《なんとろくしゅう》と距離を置きたい桓武《かんむ》天皇と最澄《さいちょう》の活動により、密教布教の基盤が固まる

桓武天皇と南都六宗の距離

なぜ朝廷は空海を信用し、密教を受け入れたのだろうか。奈良時代の日本では、南都六宗と呼ばれる六つの宗派（三論宗《さんろんしゅう》、成実宗《じょうじつしゅう》、法相宗《ほっそうしゅう》、倶舎宗《くしゃしゅう》、華厳宗《けごんしゅう》、律宗《りっしゅう》）が主流だった。ただこの時代の仏教は朝廷との結びつきが強く、法相宗の僧侶・道鏡《どうきょう》が称徳《しょうとく》天皇と結託し、自ら即位しようとした事件（宇佐八幡宮《うさはちまんぐう》神託事件）も発生している。

仏教の政治介入を問題視した桓武天皇は、南都六宗と政治を分離。長岡京《ながおかきょう》遷都の際、有力寺院が平城京《へいじょうきょう》から移転することを認めず、宗教と政治の間に物理的な距離を置いたのだ。宗教・学問としての仏教は保護するが、政治には関与させないという姿勢を見せたのである。

最澄が密教布教の基盤を作る

最澄は13歳で近江国分寺《おうみこくぶんじ》に入門し、19歳のときに東大寺で出家。出家後は東大寺に残らず比叡山《ひえいざん》に入り、天台宗《てんだいしゅう》を学んでいる。桓武天皇は天台宗を好み、最澄が比叡山で開いた天台宗の法会《ほうえ》を賞賛。最澄が桓武天皇から容認されたことで、主流宗派でなかった天台宗が朝廷内で受け入れられていく。

天台宗の教えを深めたいと考えた最澄は、８０４年９月に入唐し天台山で天台教学と禅を学習。越州《えっしゅう》の寺院で密教の伝法を受けて、８０５年７月に帰国した。南都六宗を遠ざけたい桓武天皇は、最澄が持ち帰った密教に期待。８０６年には天台宗に２名（法華経《ほけきょう》１名、密教１名）の年分度者《ねんぶんどしゃ》が与えられ、密教布教の基盤が作られる。

column

桓武天皇は南都六宗が気に入らなかった?

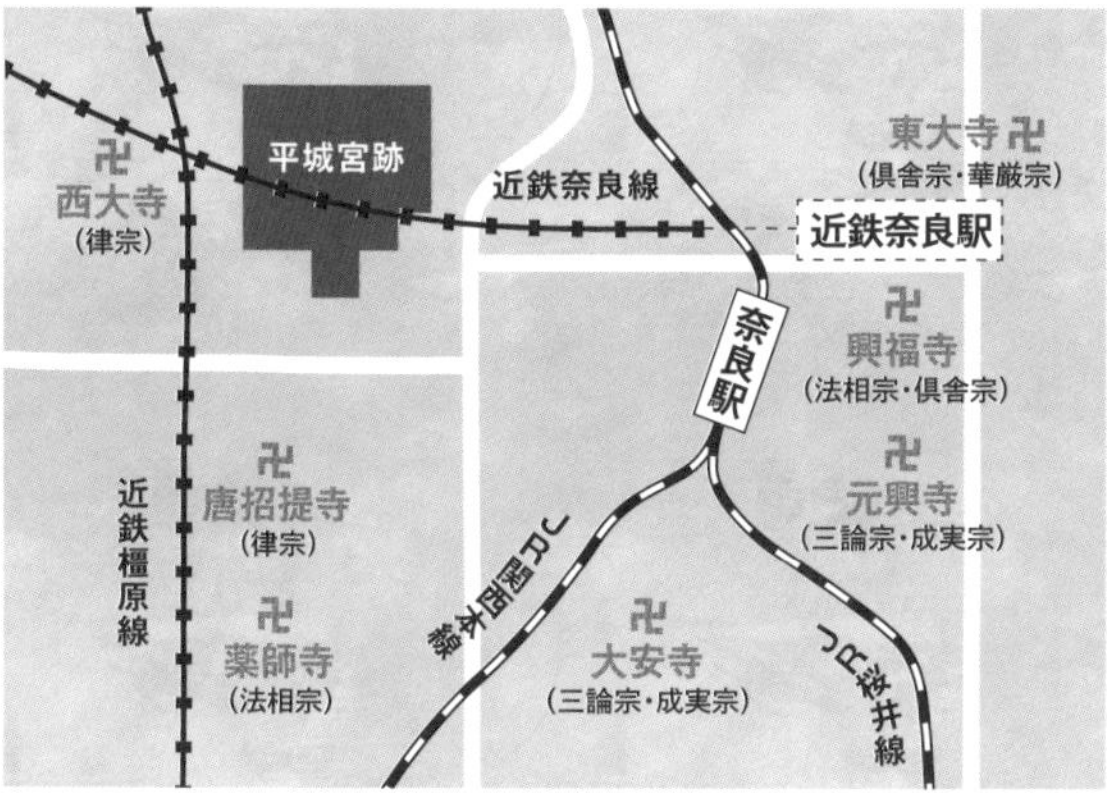

当時の平城京の周辺には南都六宗の中心寺院が点在していた。やがて長岡京への遷都が行われ南都六宗は取り残されていった。三論宗・成実宗・倶舎宗の三つの宗派は現存していないが、今も各寺院は奈良市に残っている。

最澄の動きを予想し、時が来るのを待つ

空海が越州に赴いたのは806年の春~夏頃なので、帰国前には最澄が自分より先に密教を持ち帰ったことを知ったはずだ。内供奉十禅師《ないぐぶじゅうぜんじ》(宮中で天皇の安穏を祈る僧侶)に任ぜられている最澄なら献上した御請来目録《ごしょうらいもくろく》を目にするだろうし、それを見て「自分の学びが不十分だった」と気付くと踏んだのかもしれない。

空海は、密教が朝廷内で注目されており、最澄が密教のさらなる学びを求めていることを予想していたが、自ら朝廷に働きかけることはなかった。朝廷はいずれ自分を必要とし上京を許すはずだという自信があり、その時期が来るのを太宰府で待っていたのである。

空海からのヒント

持論を主張したいなら、自分の意見が受け入れられる環境が整うのを待とう

第2章
空海の交渉術

809年

空海 36歳

「書」という共通点を持つ留学生仲間 橘逸勢《たちばなのはやなり》との交流が嵯峨《さが》天皇と結びつく

空海と橘逸勢の交流

空海の人生に大きな影響を与えたもう一人の人物が橘逸勢である。最澄《さいちょう》との交流が始まったのは帰国後に上京してからだが、橘逸勢と知り合ったのは出国前。実は空海と橘逸勢は、同じ船で唐に渡った留学生仲間なのだ。

橘逸勢は空海より9歳年下。803年、第16次遣唐使節団に参加して最澄らとともに唐を目指すが国内で遭難し、太宰府《だざいふ》で待機していた。約1年後、追加募集の留学僧として空海が太宰府に到着。空海と橘逸勢は同じ第1船に乗って唐へ向かうことになった。

貴族と無名の留学僧という身分の違いはあれど、同じ環境で寝食を共にすれば自然と親しくなるもの。2人は留学中も交流を深めていたようだ。橘逸勢は「言葉が分からなくて勉強が進まない」と嘆くほど中国語が苦手で、長安《ちょうあん》ではあまり語学力を必要としない琴と書を専攻している。留学前から語学堪能だった空海は言葉の面で橘逸勢をサポートすることもあっただろうし、能書家として書の話をすることもあっただろう。空海の

●橘逸勢と空海の関係

	橘逸勢	空海
生年	782年生まれ	774年生まれ
出身	左大臣・橘諸兄《たちばなのもろえ》のひ孫(名門貴族)	讃岐国《さぬきのくに》の少領《しょうりょう》・佐伯直田公の息子(地方豪族)
入唐	第16次遣唐使節団第1船に乗船し、804年末に長安に到着	
語学	中国語が苦手	中国語が得意
帰国	高階遠成《たかしなのとおなり》とともに、806年に帰国	

『三十帖冊子《さんじゅうじょうさっし》』（空海が唐で密教の秘蹟を書写した小冊子）には、橘逸勢の筆跡と思われる箇所が存在する。空海は書写にあたって写経生を雇っているのだが、普段から親しくしている橘逸勢にも声をかけたのだろう。橘逸勢も空海の願いを快く聞き届けたと思われる。

橘逸勢を介して皇室との人脈を得る

806年、空海と橘逸勢は同じ船に乗って帰国。橘逸勢は、空海を太宰府に残して入京している。空海にとって幸運だったのは、彼が名門貴族出身だったということだ。藤原氏に押されてはいるが、橘氏は皇族を祖とする氏族。空海の帰国当時、橘逸勢のいとこ（父の弟の娘）・嘉智子《かちこ》は賀美能《かみの》親王（後の嵯峨天皇）に仕えていた。

嵯峨天皇の即位は809年4月で、嘉智子の入内《じゅだい》が同年6月。空海の上京許可が出たのもちょうどこの頃だ。空海の上京許可に橘逸勢が関わったという記録はないが、橘逸勢を介してつながった嵯峨天皇とのパイプが何らかの影響を与えた可能性はあるかもしれない。

空海からのヒント

世情が変わっても味方してくれる、趣味や特技でつながる友人を持とう

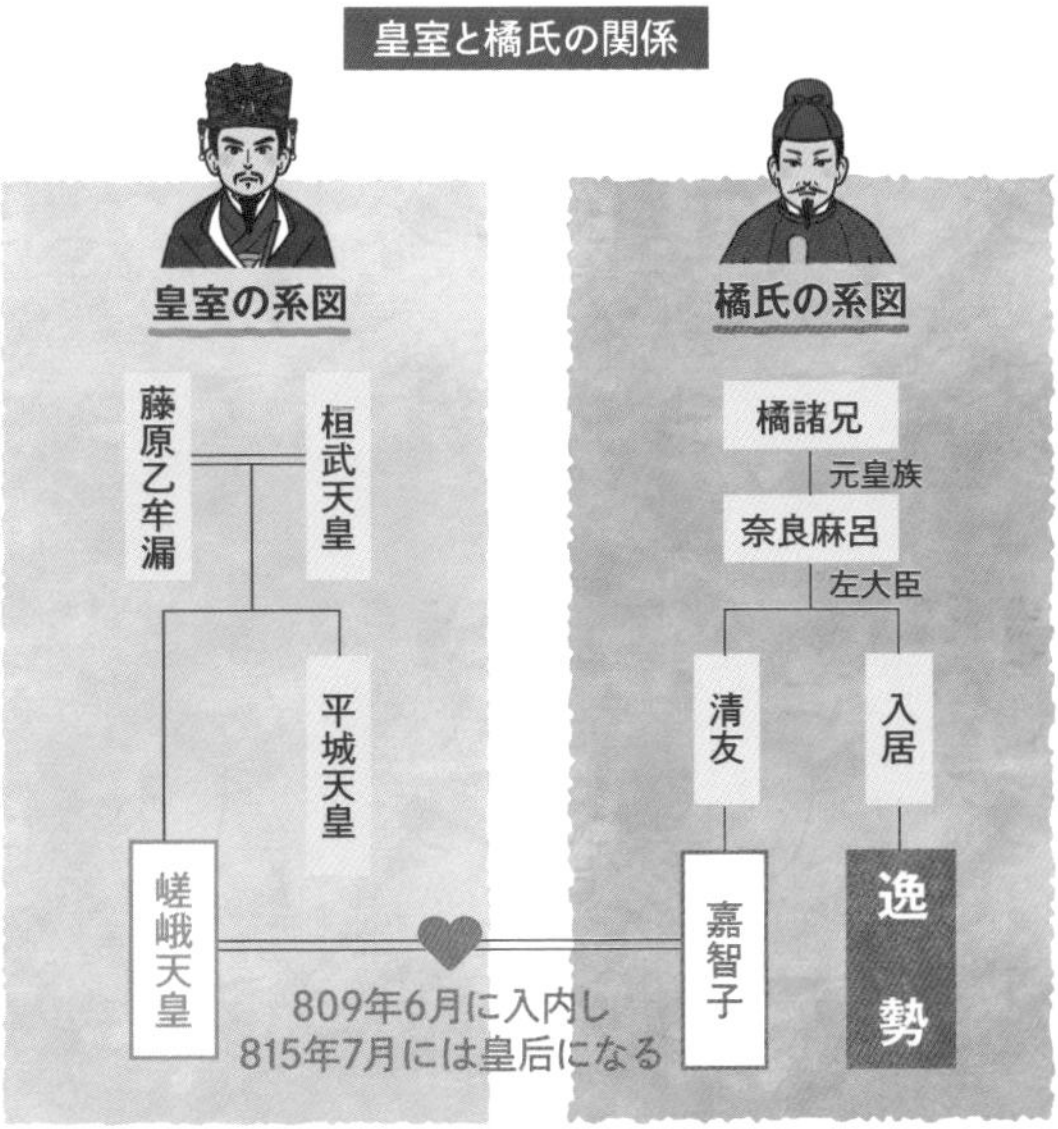

第2章
空海の交渉術
809年
空海 36歳

空海が持ち帰った密教経典の借覧依頼から高雄山寺《たかおさんじ》で最澄《さいちょう》との交流が始まる

高雄山寺は最澄ゆかりの寺だった

入京を許された空海は、和泉国槇尾山寺《いずみのくにまきのおさんじ》を出て高雄山寺（現在の神護寺《じんごじ》）に入山した。高雄山寺は781年に建立された和気《わけ》氏の菩提寺。発願者は和気清麻呂《わけのきよまろ》で、山岳修行道場を志す僧侶たちの道場として建てられたと考えられている。

和気清麻呂は宇佐八幡宮《うさはちまんぐう》神託事件に巻き込まれて流罪になった経験から、南都六宗に代わる新しい仏教に期待を寄せていた。彼の息子たちは父の遺志を継承し、比叡山《ひえいざん》で天台宗《てんだいしゅう》の修行をしていた最澄に注目。802年1月には最澄を高雄山寺に招き、天台宗の講義を依頼している。桓武《かんむ》天皇はこの講義を高く評価。最澄が唐から帰国した805年9月には、桓武天皇の命により高雄山寺で日本最初の密教灌頂《かんじょう》が実施されている。現在の神護寺は「弘法大師霊場」として知られているが、もともとは最澄の拠点寺院だったのである。

現在の神護寺

最澄が経典の借用を依頼

高雄山寺は「密教の拠点となる最澄ゆかりの寺院」として注目されていた。そこに密教布教を目指す空海が入山できたのは最澄の働きかけがあったのかもしれない。自分の学びが不十分だと感じていた最澄にとっては、「今後空海からいろいろ学ぶためには、空海が自分と関係のある寺にいてくれた方が何かと都合

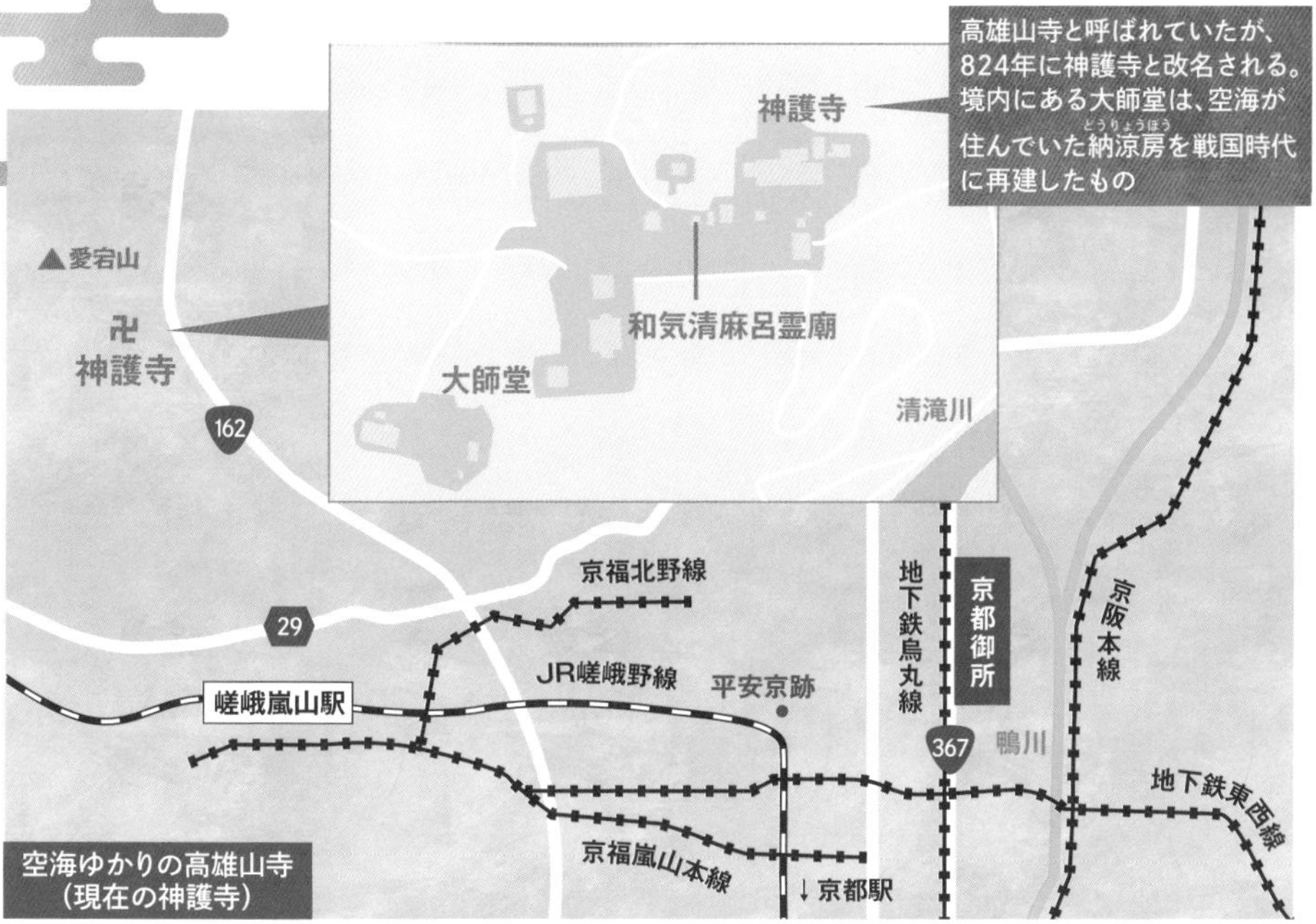

空海ゆかりの高雄山寺
（現在の神護寺）

が良い」という思惑もあっただろう。空海が高雄山寺に入山した時期は定かではないが、最澄が809年8月24日付で経典借用状（空海が唐から持ち帰った密教経典12部の借覧を依頼する手紙）を出していることから、遅くとも同年8月中旬には入山したと思われる。

空海は恵果阿闍梨《けいかあじゃり》の後継者で密教の全てを会得しているが、日本の仏教界ではまだ無名の存在。天皇のそば近くに仕える最澄とは身分の差もあった。しかし最澄は空海が献上した御請来目録《ごしょうらいもくろく》から彼の才能や学びの深さを理解。自分より7歳年下の何の肩書きもない空海に対して、礼儀を尽くした丁寧な手紙を送っている。空海が最澄の求めに応じる形で、両者の交流はスタート。空海が乙訓寺《おとくにでら》（長岡京市）の別当《べっとう》に任じられてこの地を離れるまで、高雄山寺を中心に親交が続けられることになる。

空海からのヒント

自分の良さを認めてくれる人が現れたら、立場を気にせず親交を深めよう

第2章
空海の交渉術
810年
空海 37歳

薬子《くすこ》の変で乱れた国家を平穏にするため鎮護国家の修法《しゅほう》を行い嵯峨《さが》天皇から信任を得る

皇位継承を巡って薬子の変が発生

文化人であり書の達人として知られる嵯峨天皇は、同じく書の達人であり密教の先駆者である空海を重用し密教に帰依した。二人が親交を深めるきっかけとなったのが、平城《へいぜい》上皇の起こした「薬子の変」である。

病気を理由に譲位した平城上皇だったが、病が癒えたこともあり半年後には政界に復帰。平城京に移動し、上皇として政務を執り行った。このため中央政府には「平安京の嵯峨天皇」と「平城京の平城上皇」という2人の為政者がいる状態となり、「二所朝廷《にしょちょうてい》」と呼ばれる混乱が発生してしまう。

810年9月6日、平城上皇は「平安京を廃して平城京に遷都する」と宣言。自ら挙兵するが早々に鎮圧され企みは失敗に終わる。

平城上皇の愛妾・藤原薬子《ふじわらのくすこ》や、薬子の兄・藤原《ふじわらの》仲成《なかなり》らが処罰されたことから「薬子の変」と呼ばれるが首謀者は平城上皇であり、原因は同母兄弟との権力抗争である。

平安時代初期には皇位継承にまつわる政権争いが頻発しており、中央政府も安定していなかった。また700年代に立て続けに行われた遷都により民衆が疲弊。嵯峨天皇には国家の安定と民衆の不安鎮静が求められていた。

中央政府で発生した政権争い

769年	宇佐八幡宮神託事件（称徳天皇）
785年	藤原種継暗殺事件（桓武天皇）
807年	伊予親王の変（平城天皇）
810年	薬子の変（嵯峨天皇）

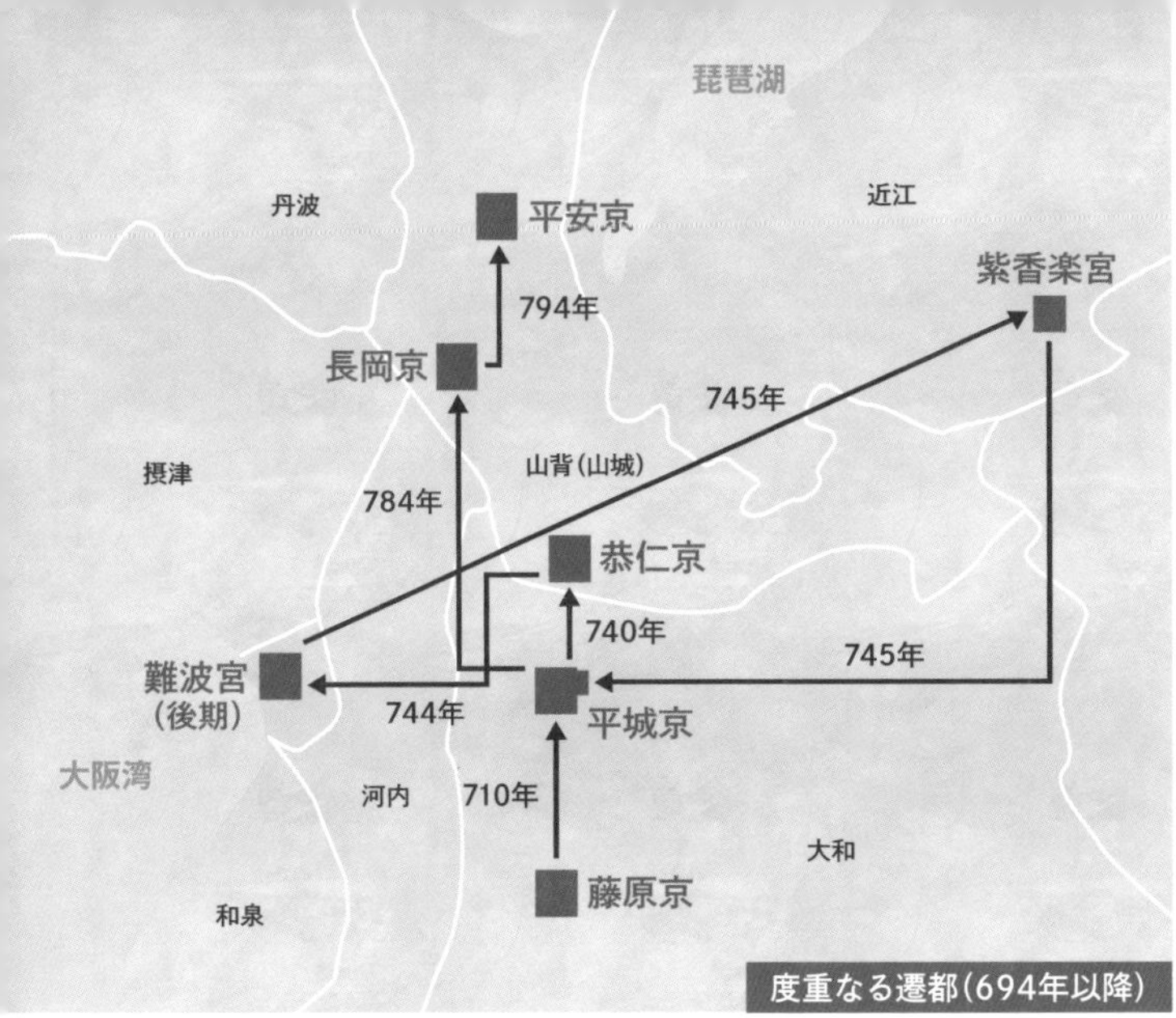

約90年で7回という度重なる遷都により、国家財政と民衆が疲弊。民衆と政府は空海の修法に期待した。空海はそれに応えて鎮護国家の修法を行い、嵯峨天皇から信任を得た

都の移り変わり

藤原京
▼
❶ 平城京
▼
❷ 恭仁京《くにきょう》
▼
❸ 難波宮《なにわのみや》
▼
❹ 紫香楽宮《しがらきのみや》
▼
❺ 平城京
▼
❻ 長岡京
▼
❼ 平安京

鎮護国家の修法で国の安寧を祈願

この情勢に胸を痛めた空海は810年10月27日、嵯峨天皇に「高雄山寺《たかおさんじ》で鎮護国家の修法（加持《かじ》祈祷《きとう》）を行いたい」と上表《じょうひょう》する。空海は長安《ちょうあん》に向かう際、安史《あんし》の乱（755年に地方軍司令官の安禄山《あんろくざん》らが起こした反乱。763年に鎮圧）の影響で荒廃した農地や困窮した民を目の当たりにした。「国が不安定になれば、民が苦しむ」と実感したからこそ、鎮護国家の修法を申し出たのかもしれない。嵯峨天皇にとってはありがたい願い出であり、タイミングも最適だった。

嵯峨天皇の勅許を得た空海は高雄山寺において修法を実修。これ以降、嵯峨天皇は空海の後ろ盾となり、書を通じて交友を深めている。

空海からのヒント

自己PRをする時は相手の意図や要望を汲《く》み、タイミングを見計らって行動しよう

第2章
空海の交渉術

812年

空海 39歳

早良《さわら》親王の怨霊を鎮めるために乙訓寺《おとくにでら》の別当《べっとう》となり高雄山寺《たかおさんじ》で最澄《さいちょう》に持明灌頂《じみょうかんじょう》を授ける

平安仏教の最高僧に位置付けられるほど高い地位にあった。しかし手紙には「受法弟子最澄（あなたの弟子、最澄より）」と記名しており、自分の至らない部分を理解していたようだ。空海は最澄の熱意を感じ取ったのか、密教の全てを授けると約束。高雄山寺にて11月15日に金剛界《こんごうかい》の持明灌頂を、12月14日に胎蔵界《たいぞうかい》の持明灌頂を授けている（高雄灌頂）。

乙訓寺の別当に任命され、最澄に灌頂を授ける

入京後約2年間高雄山寺に滞在していた空海だったが、811年11月9日に嵯峨《さが》天皇から乙訓寺の別当に任命され、乙訓寺に移り住む。乙訓寺は早良親王（藤原種継《ふじわらのたねつぐ》暗殺事件に巻き込まれて憤死）が幽閉されていた寺であり、空海の別当就任には「密教の祈祷で早良親王の怨霊を鎮める」という思惑もあったといわれている。

812年10月27日、乙訓寺に滞在していた空海のもとに最澄が訪ねてきた。最澄と空海は経典の貸し借りを通じて交流があったが、対面したのはこのときが初めて。最澄は空海に「密教の灌頂を受けたい」と願い出た。最澄は空海より7歳年上であり、

高僧・最澄に「3年の修行」を求める

持明灌頂は密教初心者に行う簡易的な儀式。一部とはいえ唐で密教を学んでいた最澄は、「今回は持明灌頂だったが、近いうちに伝法《でんぼう》灌頂（阿闍梨《あじゃり》の位を得るための灌頂）を受けられる」と思った

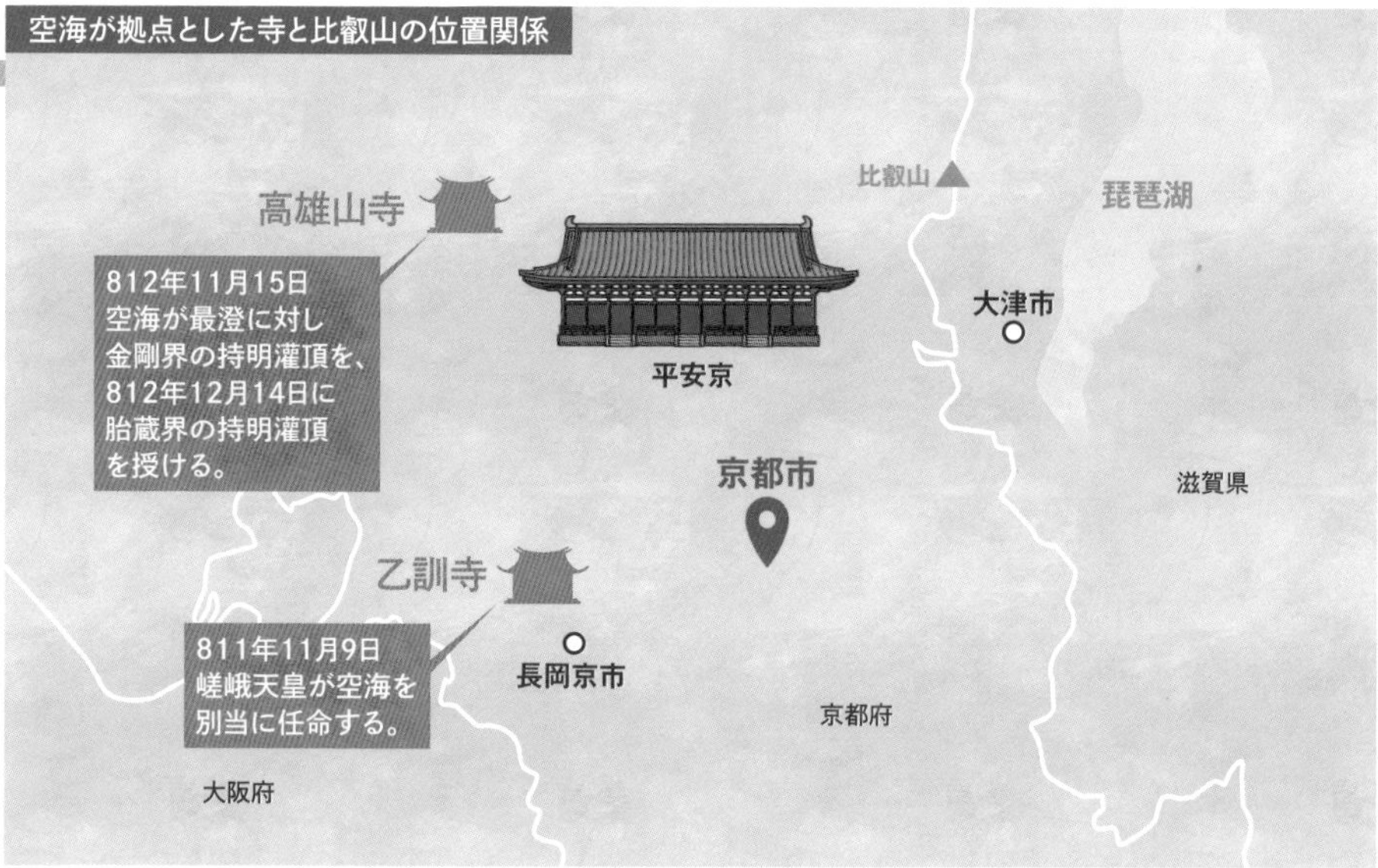

空海が拠点とした寺と比叡山の位置関係

のだろう。空海に「伝法灌頂はいつごろ受けられるか？」と問うた。これに対して空海は「3年後」と回答。空海の中には「密教の本質は文字では伝わらない。密教を学ぶには修行や対面での伝授が必要」という信念があり、修行をしていないものに伝法灌頂を授けるつもりはなかったのだ。

最澄はこの「3年」という言葉に、落胆したようだ。比叡山《ひえいざん》を預かり天台宗の開祖としての仕事がある最澄には、3年間も密教修行に専念する余裕はない。そこで最澄は空海のもとに2人の弟子を送り、自分の代わりに密教を学ばせることにした。「学問として密教を習得したい」という最澄の思いと、「密教は体で覚えるものだ」という空海の考え方の違いが2人の決別につながっていく。

空海からのヒント

相手の意向に沿わなくても、自分の考えをはっきり伝えた方が良い

第2章
空海の交渉術
813年
空海 40歳

自分の都合で密教の教えを求める最澄《さいちょう》を許せず経典の貸与を拒否。2人の関係が途絶える

密教経典が必要だった最澄側の事情

空海から「密教の全てを伝授するにはあと3年かかる」と告げられた最澄はかなりショックだっただろう。もともと最澄は空海より僧歴が長く、仏経界では高い地位にある。密教についても事前に一部を学んでいたため、「空海同様、数カ月もあれば全てを習得できるだろう」と考えていたかもしれない。

しかし空海の根底には「密教の教えは文字（経典）で伝えられるものではない。師と弟子が向き合い、口伝で教えを受けるものだ」という信念がある。経典を読んだだけで真髄《しんずい》を理解しようとする最澄の態度には、納得がいかなかったのだろう。ただ最澄には、空海のもとで3年間も修行する時間はない。そこで「自分の代わりに学んでくるように」と、弟子を空海に預けている。最澄にはなんとしても早急に密教の全てを学ばねばならない理由があった。

最澄はこの時すでに天台宗《てんだいしゅう》を開宗しており、朝廷から天台教学を学ぶ者（止観業《しかんごう》）1名と、密教を学ぶ者（遮那業《しゃなごう》）1名、計2名の年分度者《ねんぶんどしゃ》（1年間の出家得度の定員）を認められている。天台教学は最澄の専門分野なので問題なく指導できるが、密教については空海ほど深く学んでいない。遮那業の年分度者を正しく導くには密教の専門家である空海の助力が必要だった。

加えて最澄は、比叡山《ひえいざん》の一切経蔵《いっさいきょうぞう》（仏典を収める書庫）を整備するという目標も掲げていた。研究のためには資料となる経典の充実が不可欠であり、そのためには空海が唐から持ち帰った密教経典を書写する必要があったのだ。最澄から空海に宛てた

書簡は25通現存しているが、約半数が経典借用依頼か返還に関するもの。最澄は密教の教えに加え、「密教経典そのもの」も求めていたのだ。

価値観の相違により交流が途絶える

８１３年11月23日、最澄は「釈理趣経《しゃくりしゅうきょう》（理趣経の注釈書）を来月中旬まで貸していただけないだろうか」と願い出た。従来通り丁寧な文面の依頼に対し、空海は長文の返書をもってきっぱりと拒否。「密教は以心伝心を大事にしており、文章（経典）は糟粕《そうこう》や瓦礫《がれき》にすぎない。実践経験のないあなたにこの経典を学ぶ資格はない」「名誉や利益のために密教の教えを求めるのは正しい道ではない。ただひたすら密教の教えを求める心こそ求道の志だ」と激怒している。空海にとって最澄側の事情は「己の利益や立場のために密教を利用している」としか映らなかったようだ。この手紙を最澄がどう受け止めたかは伝わっていないが、「これ以上分かり合うことはできない」と感じたのだろう。以降の手紙は経典の返還に関するものだけになり、８１７年以降は手紙のやり取りも途絶えている。

最澄が礼を尽くして依頼しているのに拒否するなど冷たいではないかと考える人もいるかもしれない。ただ最澄が本心から「礼を尽くしていたか」は手紙から読み取ることができない。この時代の手紙は、公文書や手紙などの書式を記した『書儀《しょぎ》』（中国の礼書《らいしょ》）に沿って書かれることが多い。いわゆる「取引先に失礼がないよう、用語や範例をまとめたビジネス文書用例集」のようなものがあり、最澄はその書式や用例を忠実に守って丁寧な手紙を書いている。一方、空海の手紙は『書儀』に沿ってはいるが文学的な表現が多く、「相手に失礼がないよう注意しながら、自分の言葉で語っている」とも考えられる。空海は最澄のビジネスライクな態度にいらだちを覚えたのかもしれない。

空海からのヒント

自分の価値観を曲げてまで他人と交流する必要はない。適度に距離を置こう

肉親、同郷出身者、元皇族、最澄《さいちょう》の元弟子…… 空海を支えた、さまざまな出自の弟子たち

空海の愛弟子たち――智泉《ちせん》と実慧《じちえ》

いくら空海でも、一人で密教布教を行うことはできない。恵果阿闍梨《けいかあじゃり》との約束を果たすためには活動を支えてくれる弟子たちが必要だった。南都六宗《なんとろくしゅう》と距離を置きたいという朝廷の都合や、最澄が朝廷内に密教を広めたという基盤はあったが、仏教界の主流は南都六宗。密教はまだ新興勢力にすぎず、学びたいという僧侶はさほど多くなかった。このため空海は、血縁と地縁を利用して弟子を募集。まずは身内（弟と甥《おい》）、同郷である讃岐国《さぬきのくに》出身者の僧侶に声をかけ、密教の教えを伝授している。

血縁の弟子として知られているのが、真雅《しんが》と智泉である。真雅は空海の弟、智泉は空海の甥（姉の子）にあたり、どちらも肉親。中でも智泉は空海が帰国し太宰府《だざいふ》滞在中に弟子になったと伝わっており、後継者と目されていた。しかし空海に先立ち８２５年に病没。空海を嘆き悲しませている。

地縁の弟子として活躍したのが実慧《じちえ》だ。実慧は空海と同じ讃岐国出身で、20歳で弟子入りしている。智泉とは歳も近く弟子入りも同時期なので、親しくしていたのかもしれない。智泉亡き後は空海の後継者となり、高野山の開創に尽力。８３０年には空海から東寺の運営を引き継いでいる。

最澄の元弟子・泰範《たいはん》との関係

血縁・地縁を大事にしたというと「身内びいき」にも聞こえるが、空海の弟子にはさまざまな出自の僧侶がいる。弟子たちの中で最も身分が高いのが元皇

太子の真如《しんにょ》だ。平城《へいぜい》天皇の第三皇子として生まれ嵯峨《さが》天皇の皇太子になるが、薬子《くすこ》の変の影響で廃されて出家。空海の弟子となった。

また泰範は、最澄の愛弟子で「最澄の後継者」と目されていた人物。空海と最澄が決別したのちも、空海のもとに留まっている。最澄は泰範に戻ってきてほしかったようで、たびたび「比叡山《ひえいざん》に戻ってこないか」と連絡。816年5月1日には「法華一乗《ほっけいちじょう》と真言一乗《しんごんいちじょう》と、何ぞ優劣有らん（天台宗と真言宗には優劣はなく、何ら相違はない）」「もし深き縁あらば、倶《とも》に生死に住して、同じく群生《ぐんしょう》を負わん（もし縁があるなら、あなたと一緒に多くの人々を救いたい）」と懇願のような手紙を出している。しかしそれに返信したのは泰範ではなく空海だった。空海は「天台宗と真言宗は別物である」「真言宗の教えに帰依した泰範を責めないでほしい」と代筆。最澄からすれば、泰範からの絶縁状と思えただろう。泰範はその後も比叡山に戻らず、空海を支え続けた。空海が高野山を下賜《かし》された際には先遣隊として山に入り、高野山整備に尽力している。

空海の十大弟子

空海が直接密教の教えを伝授した弟子（直弟子）を、十大弟子と呼ぶ

名前	出自	業績
杲隣《ごうりん》	出自不詳	高野山の開創に携わる
実慧《じちえ》	讃岐国出身	空海から東寺を受け継ぐ
泰範《たいはん》	最澄の愛弟子	高野山の開創に携わる
智泉《ちせん》	空海の甥	36歳で病没
真済《しんぜい》	名門貴族・紀氏	性霊集をまとめる
真雅《しんが》	空海の弟	のちに東寺の長者に就任
真如《しんにょ》	平城天皇の第三皇子	60代で入唐し消息不明に
道雄《どうゆう》	讃岐国出身で実慧の親族	華厳・真言兼学の海印寺を創建
円明《えんみょう》	出自不詳	東大寺別当を務める
忠延《ちゅうえん》	出自不詳	高雄山寺を預かる

空海からのヒント

まずは身内をメンバーにして基盤を固め、その後は前歴や出身を問わず募集しよう

第2章
空海の交渉術
816年
空海 43歳

都から離れた紀伊《きい》山地に位置する高野山《こうやさん》を真言密教の修禅道場として開創する

修行道場を建立するため、高野山の下賜《かし》を願い出る

空海は816年6月19日、嵯峨《さが》天皇に「高野山に修禅道場を建立したいので、下賜してほしい」という上表文を提出した。高野山を選んだ理由を「真言密教の修行地は、山深い静かな場所がふさわしい。高野山は幽寂《ゆうじゃく》(奥深く物静か)な場所だ。山岳修行時代に訪れたことがあるが、非常に良い所だと感じた」と述べている。また高野山には「唐から帰国する際、明州《めいしゅう》の浜に立ち寄った空海が『密教修行の寺院建立に適した場所にたどり着け』と三鈷《さんこ》を投げた。その三鈷は、高野山の松の木にひっかかっていた」という逸話が残っている。

おそらく空海は20代のころから修禅道場の建立構想を持っており、場所探しなど計画を練っていたのだろう。嵯峨天皇がこの計画を知っていたかどうかは不明だが、願い出は快諾され、上奏から1カ月も経たない7月7日に高野山下賜の勅命が出されている。

高野山開創のため寄付を募る

高野山は和歌山県北東部に位置する山地で、標高は約900m。山頂付近には八つの峰に囲まれた平坦な土地(盆地)が広がっており、この盆地全体を高野山と呼ぶ。空海が境内と定めた面積はおよそ3000haと推測されており、これほどの広さの山林を切り開いて寺院を建立するには莫大な人手と金銭が必要だった。

最澄が拠点とした比叡山は都から比較的近いが高野山は都と100kmほど離れている。行き来するだけでも大変だっただろう

空海が願い出れば、嵯峨天皇や貴族たちは資金援助をしてくれただろう。しかし、空海が高額の資金援助を受けとったという記録はない。代わりに残されているのが寄付を募る手紙だ。空海は高野山を下賜されたあと、先遣隊として弟子の実慧《じちえ》と泰範《たいはん》を高野山に派遣。自身は都に残り、資金繰りに奔走した。空海は高野山開創費用を寄付金で賄おうと考えていたようで、『高野雑筆集』（空海の書簡類の集成）には、紀伊国《きいのくに》在住の有力者に「私の遠い祖先である太遣馬宿禰《たけまのすくね》は、紀伊国の祖である大名草彦《おおなぐさのひこ》の分家筋と伺っています。同族のよしみで高野山開創を支援していただけないでしょうか」と懇願した文が収録されている。空海は涓塵《けんじん》（ごくわずかなこと。わずかな金額を多くの人から集めること）が大事であると説いているが、少額の寄付を多くの支援者から集めるやり方は現在のクラウドファンディングの仕組みと似ているかもしれない。

先に高野山に入っていた実慧と泰範から「一軒の草庵《そうあん》が完成した」という連絡を受けた空海は、818年11月に高野山に入る。それ以降は都と高野山を行き来しながら高野山の全体構造を決め、全山開創の指揮を執った。

高野山金剛峯寺《こんごうぶじ》と丹生都比売《にうつひめ》神社

空海は高野山の中心に、大日如来《だいにちにょらい》を象徴する多宝塔（根本大塔《こんぽんだいとう》）を建立。金堂（全山の総本堂）をはじめとした多くの建物が集中する壇上伽藍《だんじょうがらん》で胎蔵界曼荼羅《たいぞうかいまんだら》を表現、弘法大師御廟などのある奥之院《おくのいん》で金剛界《こんごうかい》曼荼羅を表現した。

高野山というと「仏教」のイメージが強いが、ふもとには丹生都比売神社が建立されている。これは「高野山はもともと丹生明神《にうみょうじん》の神域であり、神様からいただいた土地に寺を建てさせていただいた」という空海の思いに基づくものである。山岳（神々のいる場所）で修行をする密教は、自然信仰を基盤とする神道に通じる部分も多く、自然と神仏習合がなされたようだ。現在も高野山と丹生都比売神社は密接な関係にあり、修行を終えた僧侶が神社に礼拝する行事が執り行われている。

その後の高野山金剛峯寺

高野山は険しい山の上にあり、資材を運ぶのも容易ではない。資金面でも困難が多く、建設はなかなか進まなかった。空海自身もたびたび勧進《かんじん》を行なっているが、金銭的に潤沢とはいかなかったようだ。832年、高野山で万灯万華会《まんとうまんげえ》を修して伽藍《がらん》の完成を祈願しているが、高野山の中核となる壇

高野聖山鳥瞰圖

描かれている

上伽藍が完成したのは空海入定後、890年代に入ってからである。現在では高野山金剛峯寺と呼ばれているが、高野山は山の至るところが境内という「一山境内地《いっさんけいだいち》」という考えに基づき、高野山全体が境内とされてきた。高野山と金剛峯寺は同義であり、高野山全体が金剛峯寺とされる。

空海入定後、高野山は落雷による火災などによりほとんどの建物を焼失。多くの僧侶が山を下りてしまい一時は荒廃するが、白河上皇や鳥羽上皇、藤原道長などの寄付により復興。現在、山内には117寺の塔頭寺院《たっちゅうじいん》（高野山全体を金剛峯寺の境内に見立てて山内に建立された子院）が存在し、そのうち51寺は宿坊《しゅくぼう》（宿泊可能な寺院）として広く一般に開かれている。

空海からのヒント

少額の資金援助でも人数を集めれば大金になる。同郷、同窓の縁を大事にしよう

鳥瞰図絵師・吉田初三郎《よしだはつさぶろう》が描いた高野山図絵。山中には塔頭寺院が点在しており、山麓には丹生都比売神社が

821年

空海 48歳

唐で学んだ最先端の技術を駆使して故郷に貢献 築池別当《つきいけべっとう》として満濃池《まんのういけ》の修築工事を完遂する

満濃池の築池別当に任命される

空海は唐に滞在中、密教以外にもさまざまな技術を習得している。その象徴ともいえるのが、日本最大級の農業用ため池・満濃池（香川県まんのう町）の修築ではないだろうか。

８１８年、大洪水により満濃池の堤防が決壊する。朝廷は堤防の修復を担当する築池使として路真人浜継《みちのまびとはまつぐ》を派遣したのだが、修復規模が広いうえに人手が足らず、１年経っても完成の目処《めど》が立たなかった。

そこで白羽の矢が立ったのが、讃岐国《さぬきのくに》の地方豪族出身者・空海である。この当時、空海は天皇のそばに仕える内供奉十禅師《ないぐぶじゅうぜんじ》になっており、民衆からも「密教の力で衆生を救ってくれるお坊様」として信仰されていた。工事関係者は空海の人望と密教の修法に期待したのだろう。８２１年４月に「空海を築池使として派遣してほしい」と願い出ている。朝廷側も修築工事の遅れが気になっていたのだろう。５月27日に空海を築池別当に任命し、現地に送っている。

唐で学んだ知識を地域に還元する

現地入りした空海を地元は熱烈に歓迎。彼を慕って集まった人々によって、人手不足は解消された。空海は土木の専門家ではないのだが、最先端の技術を次々と採用していく。「水圧を考慮したアーチ型堤防」や「洪水時にあふれた水を流す水路（余水吐《よすいば》き）」など、唐で学んだと思われる土木技術が地元復興のために活用されたのである。また空海は堤

空海が修築に携わった満濃池

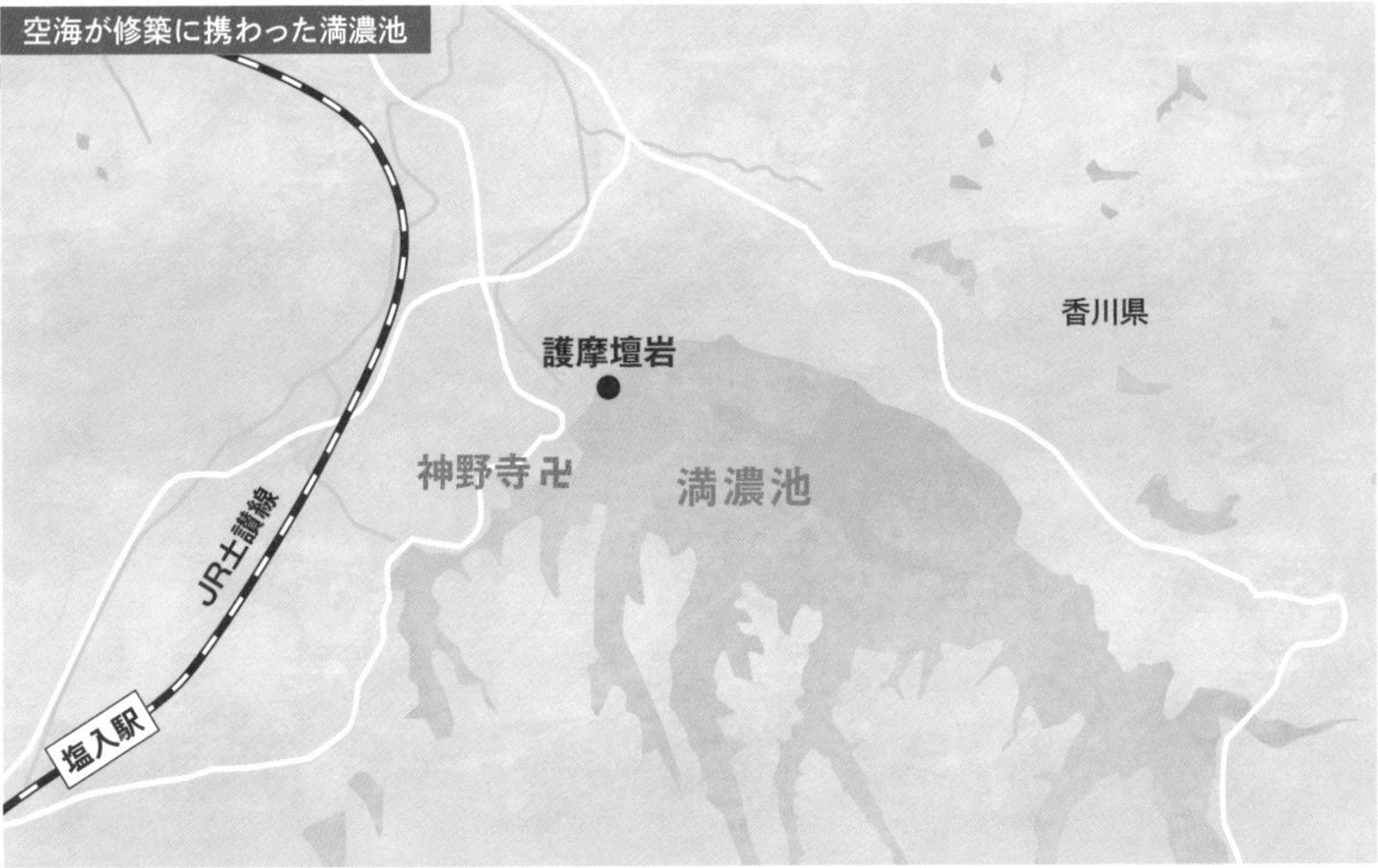

防が見える高台に護摩壇《ごまだん》を作り、工事の成功を祈願したと伝わる。その高台は現在も満濃池に残っており、「護摩壇岩」と呼ばれている。満濃池の修築は7月末に完了。空海はこの功績によって賜った報奨金を使い、満濃池のほとりに神野寺《かんのじ》を建立している。

工事の規模を考えると着工から竣工まで2カ月というのは短すぎるので、前任の路真人浜継がある程度工事を進めており、後任の空海が引き継いだと見るのが妥当だろう。ただ工事の成功は、空海の知識と人望があったからこそ。平安時代末期に成立した『今昔物語』も「満濃池は、弘法大師（空海）が人々のために築いた」と紹介しており、空海への感謝は広く浸透していたようだ。

空海からのヒント

自分の知識や技術が活かせるなら、多少専門外の案件でも引き受けよう

第2章
空海の交渉術

823年

空海 50歳

嵯《さ》峨《が》天皇より東寺を賜り 国立寺院だった東寺を密教の根本道場に再編する

嵯峨天皇より東寺を下賜《かし》される

平安京に遷都した桓武《かんむ》天皇は、羅城門《らじょうもん》（平安京の正門）の左右に東寺と西寺の建立を命じた。国家鎮護を目的とした国立寺院（官寺《かんじ》）で、796年ごろから造営が始まったとされる。もともと官寺だった東寺が真言宗の寺になった経緯には空海と嵯峨天皇が関係している。

嵯峨天皇は823年1月、空海に東寺を下賜した。実はこの時、東寺はまだ建設中。本堂である金堂は完成していたが、それ以外の工事は進んでいなかった。空海は工事を引き継ぐ形で東寺に入り、境内の中央に密教の教えの中心となる講堂を建立。密教の最高仏である大日如来《だいにちにょらい》を祀り、仏像を並べて曼荼羅の世界を視覚的に表現する「羯磨曼荼羅《かつままんだら》（いわゆる立体曼荼羅）」を配置した。さらに五重塔を建立して寺観も整備。東寺を「密教の根本道場」と位置付け、「国家鎮護の官立寺院」と「密教の教え」を両立させたのである。

さらに空海は、寺と僧侶のあり方も改革した。平安時代初期の寺院はさまざまな宗派を学ぶ「諸宗兼学」が一般的だったので、一つの寺院に複数の宗派を信仰する僧侶が在籍していた。空海は「東寺の僧侶は真言宗僧に限定してほしい」と要請。この考え方が、現在の「一つの寺に、一つの宗派」という寺院のあり方につながっていく。

なぜ東寺を下賜されたのか

空海が東寺を下賜された理由はよく分かってい

ない。最澄《さいちょう》と和解する代わりに東寺を与えられたという説もあるが、最澄は空海が東寺を下賜される前年(822年6月4日)に没している。嵯峨天皇が空海の功績を評価して高野山より都に近い場所にある東寺を下賜したとも伝わるが、僧綱《そうごう》(僧尼《そうに》や諸寺を管理する僧官)でも皇族出身でもない空海に、二つしかない官寺の一つを与えて良いのかという疑問は残る。

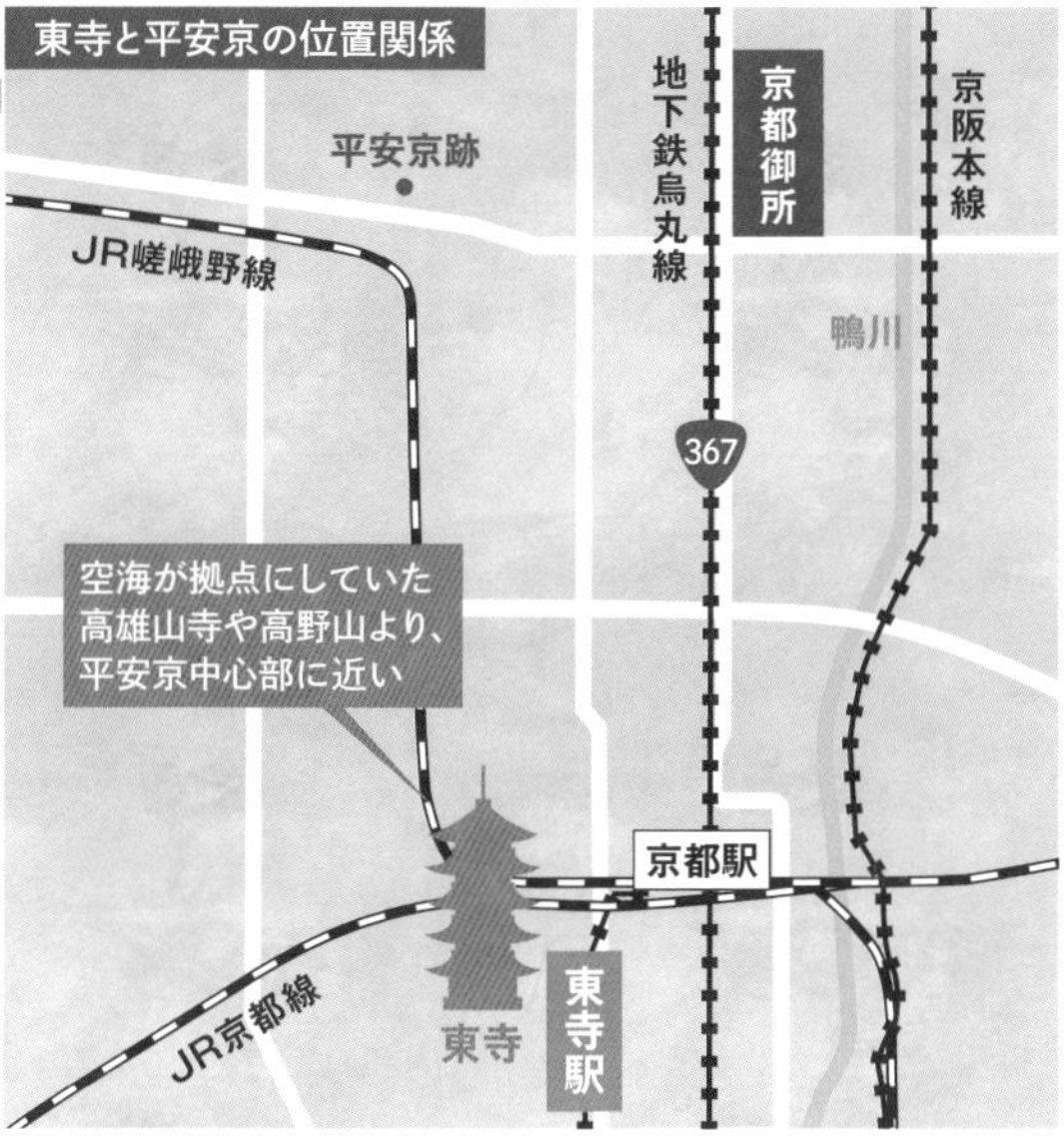

空海は824年6月16日に造東寺所別当(建設責任者)に任命されており、講堂の着工は下賜から2年後の825年4月だ。東寺を預けられた空海が構想を練り、造東寺所別当として腕を振い「真言密教の根本道場」を建立したのかもしれない。

東寺の変遷

796年	国家鎮護の官立寺院として造営開始
時期不明	金堂完成
823年	空海に下賜される
824年	空海が造東寺所別当に任命される
825年	講堂着工
826年	五重塔着工
839年	講堂完成

空海からのヒント

ゼロから作り上げるのが難しい時は、既存物件を自分流にアレンジしよう

第2章
空海の交渉術
828年
空海 55歳

さまざまな学問を学べる庶民のための学校 綜藝種智院《しゅげいしゅちいん》を設立する

空海の教育論と理想の学校像

空海は教育界にも進出している。もともと空海は大学寮の授業に興味を持てず、中退して仏門に入った人物だ。「教育機関の在り方」「人材育成」については思うところがあったらしい。「一つの味だけではおいしい料理にならないし、一つの音だけでは美しい旋律にならない。さまざまな学問を修めなければ、目標達成は叶わない。しかし寺院では仏教しか教えないし、大学寮の授業は儒教が中心だ。儒教・道教・仏教を知り、専門家同士が意見を交え、社会づくりに役立つ学問を学ぶべきだ」と力説している。

また空海は、身分に関係なく誰もが自由に学べる教育機関の必要性も説いている。自身が身分の低い地方豪族出身だったからこそ、庶民にも学べる環境が必要だと感じたのだろう。

藤原三守《ふじわらのただもり》の協力により綜藝種智院を開校

人材育成と教育にかける熱意に賛同してくれたのが、嵯峨《さが》天皇や橘逸勢《たちばなのはやなり》と親戚関係にあった藤原三守である。嵯峨天皇を中心とした文化サロンに出入りする中で、空海と知り合ったようだ。熱心な密教信者でもあったので意気投合する部分も多かったのだろう。左京九条の屋敷を学校用地としてと寄付したのである。空海はこの場所を「敷地が広く豊かな自然がある。東寺からも近く、交通の便が良い」と絶賛。828年12月15日に綜藝種智院式并序《しゅげいしゅちいんのしきじょをあわせたり》を朝廷に提出し、綜藝種智院を開校した。儒教・道教・仏教に加え、科学技術や天文学、医学や薬学、語学

藤原氏・橘氏・天皇家の関係

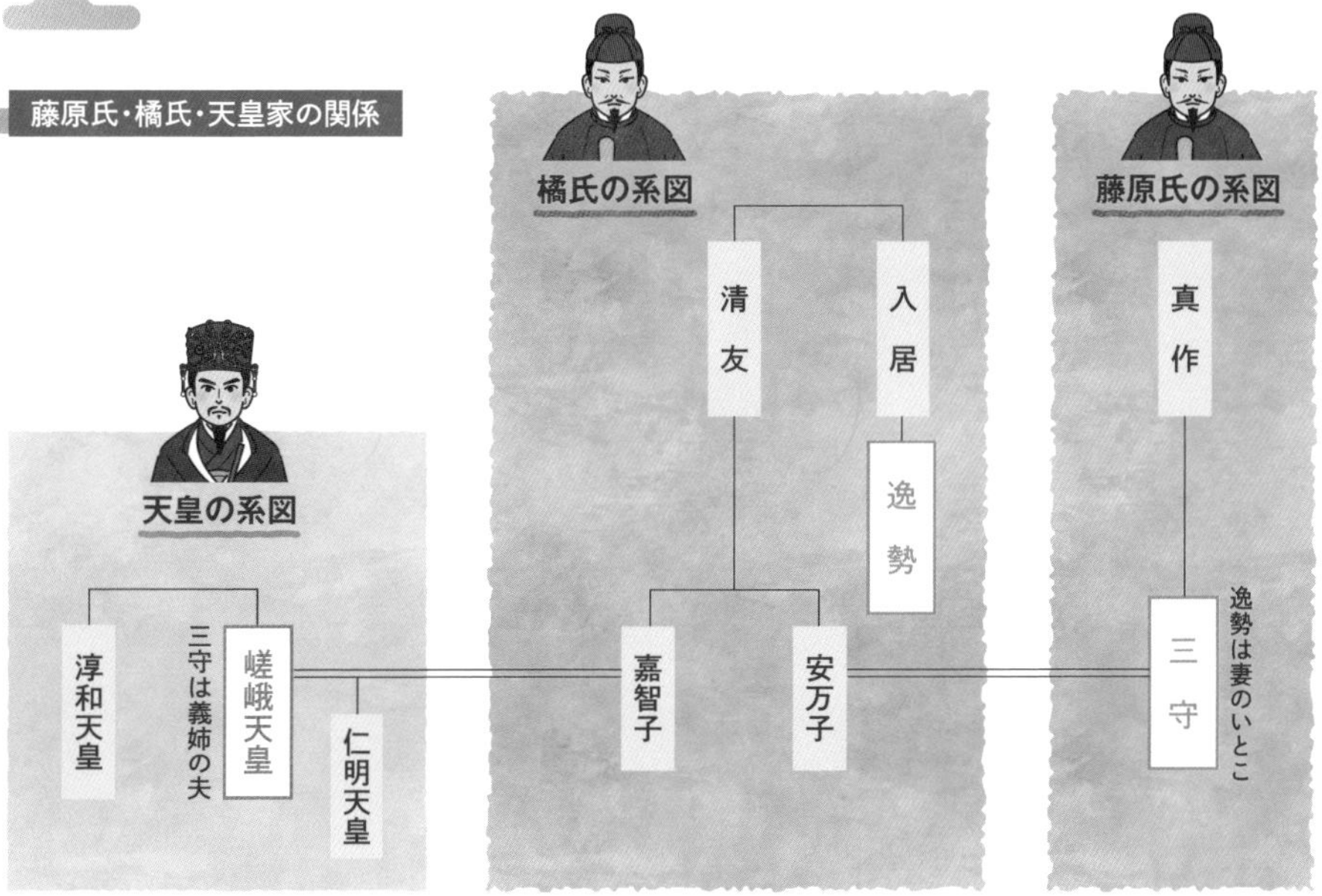

や芸術などを学ぶことができる総合学院で、庶民でも入学可能な画期的な教育機関だった。

私学校の運営には資金や後ろ盾が必要不可欠だ。空海は教師の募集に加え、皇族や貴族、僧侶に物資や資金の援助を呼びかけている。残念ながら綜藝種智院は空海の入滅後、後継者不在により廃校。建物と土地は空海の弟子たちによって売却され、現在は残っていない。

綜藝種智院の概要

学校名	綜藝種智院
対象者	出身や身分を問わず入学可能
場所	左京九条の藤原三守邸 （現在の京都府京都市南区西九条）
学べること	仏教（顕教と密教）、儒教、道教、医学薬学、農業、工学、天文学など、さまざまな分野の学問。仏法と世間の学問を合わせて学ぶ
特徴	「人はみな、食によって生きる者である」という釈尊の教えにしたがい、教師学生を問わず給食を支給

空海からのヒント

本業が忙しくても、趣味の集まりに参加して人脈を広げよう

835年

空海 62歳

密教の基盤強化のために病を押して活動し弟子たちに具体的な指示を残して入定《にゅうじょう》する

宮中行事として後七日御修法《ごしちにちみしほ》を奏上

831年5月、空海は病にかかった。大僧都《だいそうづ》（僧侶に与えられる位階）を辞職させてほしいと願い出ていることから、よほど体調が悪かったのだろう。この頃から空海は「自分亡き後」について考えるようになったようだ。832年の秋、空海は長らく拠点としてきた東寺を去り、高野山に入った。活動の集大成として、「残された弟子たちのための終活」を始めたのだ。

高野山に戻った空海が手掛けたのが、後七日御修法の実施である。宮中では正月（1月1日～14日）に神道と仏教による年始行事を行っていた。空海は仏教行事の際に密教の修法を提案。834年12月19日に奏上し同29日に許可、翌年1月8日に自らが導師となって修法を実施するという、異例の速さで実現させたのである。また835年1月22日には「真言宗から毎年3名、官度僧《かんどそう》を出すことを認める」という許可を取り付け、2月30日には金剛峯寺《こんごうぶじ》が定額寺《じょうがくじ》（官寺に準じる扱いを受ける国家公認の寺院）と定められた。最晩年まで、真言密教のさらなる基盤強化のために尽力したのである。

弟子たちに今後を託す

空海は弟子たちに「自分は835年3月21日寅の刻（午前3～5時）に入定（精神を統一し、深く瞑想すること）し、弥勒菩薩《みろくぼさつ》のもとで人々を見守る」と予告していた。入定が近付いた835年3月15日、空海は弟子や信徒に25カ条の遺言「御遺告《ごゆいごう》」を

column

空海が強く祈ったこと

832年8月22日、空海は高野山で万灯万華会（まんとうまんげえ）を執行した。四恩（先祖・全ての生き物・国家・仏）に感謝し、悟りの世界に入ることを強く願った空海は、「全ての人々が悟りを開き、救いを求める者がいなくなるまで、私の願いは終わらない」と誓願を立てている。衆生救済への熱い思いは弟子たちによって語り継がれ、弘法大師信仰へとつながっていく。

高野山壇上伽藍にある根本大塔

示している。高野山金剛峯寺や東寺など寺院の管理や運営について述べ、修行に対する心得や戒めなどを指示。「経典の管理は実慧《じちえ》に任せる。今後は、実慧を拠《よ》りどころにせよ。実慧に何かあったら、真雅《しんが》に任せる」「東寺の長者（管理責任者）は年功序列ではなく修行の成果で決めるように」と後継者の指名も行っている。

弟子たちに後事を託した空海は、自身で予告した通り、835年3月21日午前4時に入定。弟子たちは空海があらかじめ指示していた通り、空海の体を高野山奥之院《おくのいん》の霊窟《れいくつ》に納めた。『続日本後紀』には、実慧が空海を荼毘《だび》に付したと書かれているが、高野山では現在も空海が衆生救済のために祈り続けていると信じられている。

空海からのヒント

残された人が困らないよう、後継者の指名や身辺整理は計画的に行おう

空海を知る②

詩人としての空海

文章や漢詩の作成が得意で、唐風《とうふう》文化を好んだ嵯峨《さが》天皇と親しく交流する

空海は能書家でもあり、優れた漢詩作者でもある。彼が活躍した平安時代初期は文章経国《もんじょうけいこく》思想（漢詩文をはじめとした文学の隆盛が、国家の平和と安定につながるという考え）が重んじられていた。特に嵯峨《さが》天皇は唐風文化や漢詩を好み、『凌雲集《りょううんしゅう》』や『文華秀麗集《ぶんかしゅうれいしゅう》』といった勅撰《ちょくせん》漢詩集も編さん。この風潮は漢詩や文章作成が得意な空海の追い風となった。

嵯峨天皇と空海は書道だけでなく漢詩という分野でも親交を深めていく。二人の交流を表す漢詩として知られるのが、空海が嵯峨天皇に送った「献柑子表《こうじをけんずるのひょう》」だ。これは乙訓寺《おとくにでら》の別当《べっとう》を務めていた空海が、嵯峨天皇に柑橘《かんきつ》の実を献上した際に添えた短い漢詩。柑橘の実の色や数にちなんで、嵯峨天皇の健康長寿を祈る内容となっている。嵯峨天皇が詩作した「与海公飲茶送帰山一首《かいこうとちゃをのみやまにかえるをおくるいっしゅ》」は、久しぶりに離宮（現在の大覚寺《だいかくじ》）を訪ねた空海と歓談し、高野山に帰る空海をいつまでも見送ったという内容。空海と嵯峨天皇の交友と厚い友情がうたわれている。

嵯峨天皇の離宮として造営され、最先端の文化の発信地となった大覚寺。空海もこの場所で嵯峨天皇との親交を深めた

第3章

空海が完成させた密教とは

～密教の教え

密教とは

鎮護国家思想《ちんごこっか》の学問から現世利益《げんぜりやく》の仏教へ これまでの仏教と空海が持ち帰った密教の違い

そもそも仏教とは

これまでの章で空海の生涯を通して密教に触れてきたが、そもそも従来の仏教と密教はどう違うのだろうか。まずは仏教の成立から見てみよう。仏教は今から約2500年前、ルンビニー国（現在のインドとネパールの国境付近にあった小国）の王子である釈迦《しゃか》（ゴーダマ・シッダールタ）が悟りを開いたことによって生まれた教えである。仏教の目的は、仏に成ること（成仏《じょうぶつ》）。さまざまな価値観に振り回されることなく、苦しみや悩みから離れた悟りの世界に目覚めることを最終目標としている。日本には中央アジアや中国、朝鮮半島を経由して（北伝《ほくでん》仏教）、6世紀半ば（飛鳥時代）に伝播《でんぱ》。奈良時代になると、仏教の力で国を守る「鎮護国家思想《ちんごこっか》」に基づいて国家運営が行われ、「国家を守るための教え」として研究されていた。

仏教伝来のルート（北伝仏教）

これまでの仏教と、密教の違い

南都六宗《なんとろくしゅう》をはじめとする奈良時代の仏教は、「経典（釈迦の教え）を学んだ僧侶だけが、悟りを開いて仏になることができる」という思想だった。一方空海は、これらの既存の仏教を「表面に現われている出来事を真実として理解する教え（顕教《けんぎょう》）」と区分。自ら持ち帰った密教を「人間の言葉では表現できない、仏の真意を知ることができる教え」とした。自著の『秘蔵宝鑰《ひぞうほうやく》』では、「顕教は塵《ちり》（煩悩《ぼんのう》）を払うような教えであり、密教は庫《くら》（悟り）を開く教えである」と解説。より深い悟りを得るためには密教を学ぶことが重要だと主張したのである。

密教は「仏も人も本質的には同じであり、人は誰しも生まれながら仏性《ぶっしょう》（仏になれる性質）を備えている」と考える。自分自身がすでに仏であることに気付き、仏と一体になるための修行を積むことで、現世利益《げんぜりやく》（仏の恵を授かり、生きている世界で幸せになること）が得られるという教えなのだ。密教の真髄は言葉や文字で表すことが難しいため、感覚的に理解する必要がある。知識として理解するのではなく、自分なりに解釈して行動に移すことに重きを置いているのだ。空海は「自分自身の中にある仏の心に気付くこと」「気付きを行動に移すこと」の重要性を繰り返し説いており、真言宗では「教相《きょうそう》（経典に書かれた教え）」と「事相《じそう》（行動、実践）」が必修となっている。

仏教、密教、顕教の考え方

- 仏教
  - 顕教（言葉で伝える教え）
  - 密教（言葉だけでは表せない真理）
    - 教相（真言密教の理論を学ぶ）
    - 事相（学んだ理論を実践する）

密教から学ぶ

悩みや苦しみを解決する方法は自分の中にある。答えを見つけ、行動しよう

密教の実践

三密加持

密教の最終目標はその身のまま仏になること 正しく三密加持《さんみつかじ》を行えば即身成仏《そくしんじょうぶつ》できる

密教の根幹となる即身成仏の考え

密教独特の考え方として知られるのが即身《そくしん》成仏《じょうぶつ》の思想だ。即身成仏と聞くと、ミイラ化した僧侶をイメージする人もいると思うが、そちらは「即身仏《そくしんぶつ》」。人々の苦しみを引き受け命と引き換えに仏になった姿であり、密教の即身成仏とは異なる。現代社会では「成仏＝死んでこの世の苦しみから解放されること＝亡くなること」の意味で使われることが多いが、仏教では「煩悩《ぼんのう》を断って悟りを開き、仏に成ること」を成仏と呼ぶ。

これまでの仏教では「本来、仏に成れる（成仏できる）のは釈迦《しゃか》と菩薩《ぼさつ》だけだが、生きている間に修行を積んで何度も生まれ変われば輪廻《りんね》から解脱《げだつ》し、仏に成ることができる」と考えられていた。この方法では生きている間に仏に成れないし、仏に成るまでに途方もない時間がかかる。一方空海は「仏と人はもともと一体なので、生まれ変わらなくても仏に成れる（即身成仏）」と説明。自著の『即身成仏義《そくしんじょうぶつぎ》』では、「密教の教えに従って修行をすれば、この世のうちに仏に成ることができる」「即身成仏できるのは密教だけ」と主張している。

正しく三密加持《さんみつかじ》を行えば即身成仏できる

真言密教の究極の目標は即身成仏で、それを実現するために教相《きょうそう》と事相《じそう》がある。教相の理論によって密教の道を知り、この道を実際に実践するのが事相という関係だ。教相と事相は車の両輪に例えられ、一体無二といわれる。空海は実践を重要視していたが、密教の「実践」とは具体的にどのようなことをするのだろうか。

　密教ではさまざまな修行を行うが、全ての基本となるのが三密加持《さんみつかじ》である。三密とは「身密《しんみつ》」「口密《くみつ》」「意密《いみつ》」のこと。手で印を結ぶことが「身密（体）」、口で真言《しんごん》（人の言葉では表現できない仏の言葉）を唱えることが「口密（口）」、大日如来《だいにちにょらい》と同じ瞑想《めいそう》の境地に入ることが「意密（意識）」だ。また加持とは、仏からの働きかけ（加）を行者が受け止める（持）ことをいう。空海は「三密を一致させ、仏からの働き掛けを受け止めることができれば、この身のままで仏に成れる」と解説。体と言葉と意識を一致させ、三摩地《さんまじ》（精神を一点に集中する瞑想）を行うことは、密教の重要な修行の一つである。

　現代社会を生きる中で即身成仏を目指すのは難しいかもしれない。しかし「目標に向かって行動する（身密）」「目標を言葉にする（口密）」「目標達成を常に意識する（意密）」という三密の思想は日常生活にも役立つのではないだろうか。

密教から学ぶ

三密（行動、言葉、意志）を一致させることが、目標達成につながる

●三密の実践方法

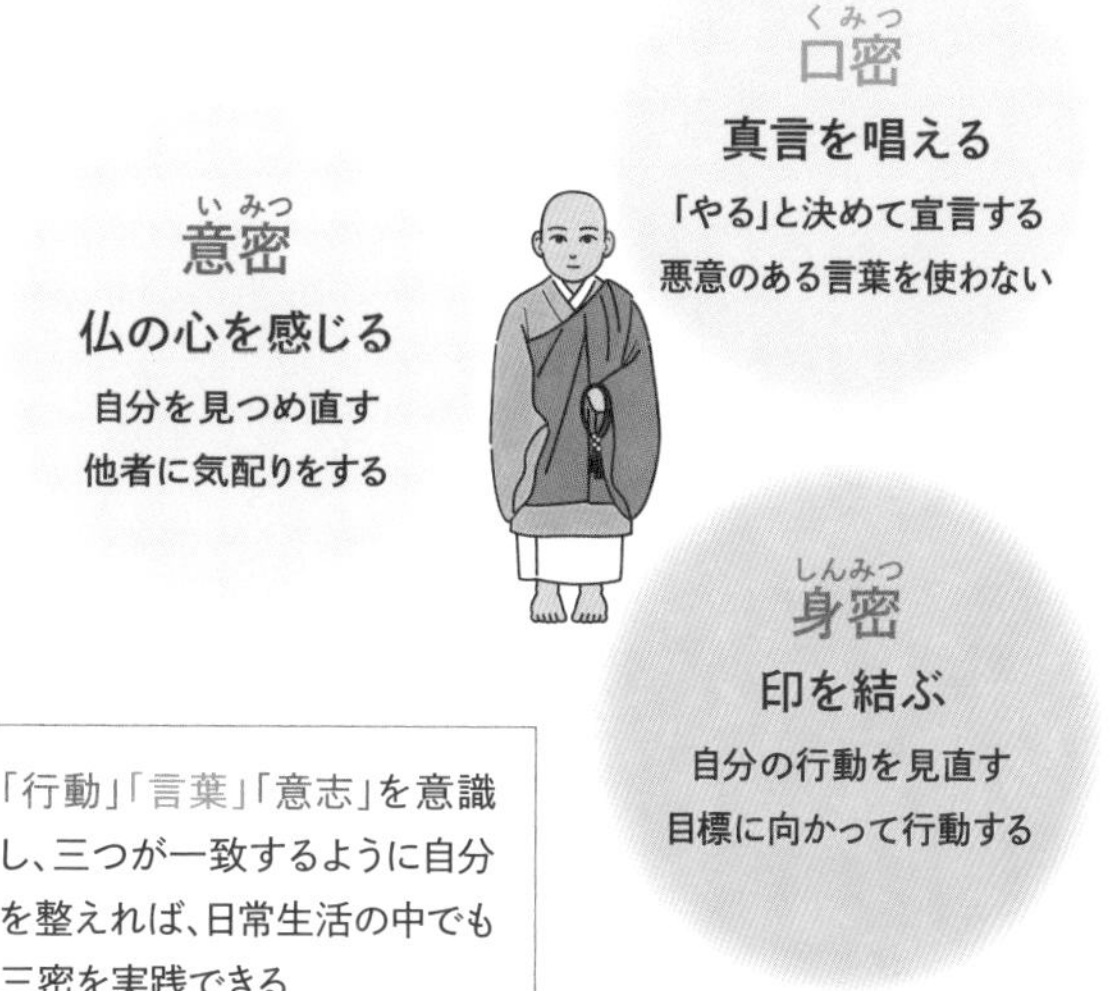

口密《くみつ》
真言を唱える
「やる」と決めて宣言する
悪意のある言葉を使わない
意密《いみつ》
仏の心を感じる
自分を見つめ直す
他者に気配りをする
身密《しんみつ》
印を結ぶ
自分の行動を見直す
目標に向かって行動する

「行動」「言葉」「意志」を意識し、三つが一致するように自分を整えれば、日常生活の中でも三密を実践できる

密教の実践

印と真言

両手を合わせて印《いん》を結び仏と一体化して真実の言葉である真言《しんごん》を唱え、仏の加護を得る

仏と人が一体となるための印

密教では「印を結ばなければ、三密加持《さんみつかじ》を修めることはできない」とされている。印とは、手の指を組み合わせて仏の真理（悟り）を表したもの。右手は仏、左手は人を意味し、10本の指を交差させて印を結ぶことは仏と人を結び、仏と人が一体化することを表している。印にはさまざまな種類があるが、空海が日本に持ち帰った『大日経疏《だいにちきょうしょ》』（大日経の注釈書）には、印の基礎として「十二合掌」の説明がされている。

印は真言と合わせて結ぶものであり、印を結んで真言を唱えることは悟りに近付くことである。密教の印は師から弟子に直接伝授されるもの。印を結ぶ時は人に見せることはせず、袈裟《けさ》や清らかな布で手元を隠して行うのが習いだ。

組み合わせる「帰命合掌《きみょうがっしょう》」を正式な合掌としている

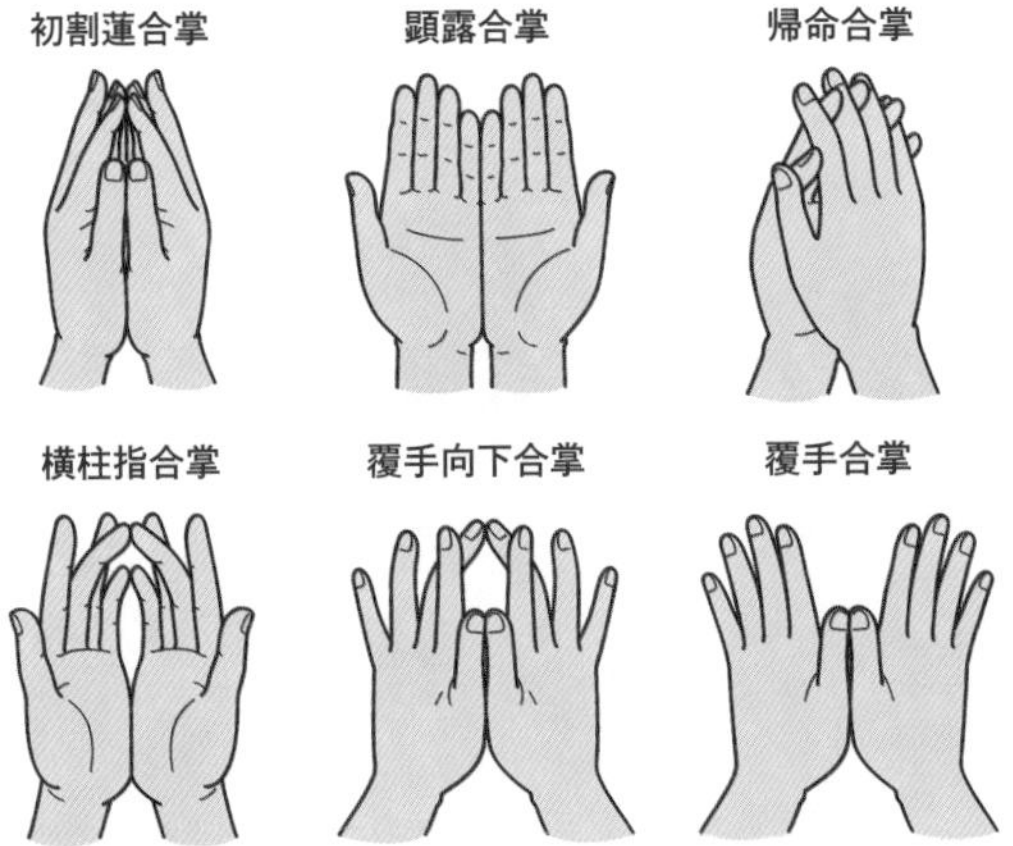

真理の言葉を伝える真言

密教の修行において欠かせないのが真言だ。真言とは、大日如来《だいにちにょらい》の教えを説いた真実の言葉という意味。仏教は中国や朝鮮半島を経由して日本に伝わったため、中国語に翻訳された経典も少なくない。このため一般的な「お経」は漢字で書かれていることが多い。しかし真言は、古代インドの言葉であるサンスクリット語（梵語《ぼんご》）のまま日本に持ち帰られ、現代まで伝わっている。中国語などに翻訳されなかったのは、「翻訳すると正しい意味（真実の言葉・真理）が伝わらない」という思いからである。

真言は如来《にょらい》や菩薩《ぼさつ》など仏ごとに存在し、梵字（サンスクリット語を表現するための文字）1文字が仏そのものを表している。三密修行を行う際は印を結んで本尊の前に座り、真言を唱えながら本尊の中に梵字をイメージする。真言は自分だけに聞こえる程度の小さく低い声で唱えるのが重要で、唱える回数は煩悩の数とされる108回。途中で集中が途切れてしまったら、最初からやり直しとなる。密教寺院などに参拝する際は合掌して真言を3回唱え、本尊の加護を得ると良いだろう。

十二合掌

合掌も印の一つ。密教では右手を上に両手の指を交互に

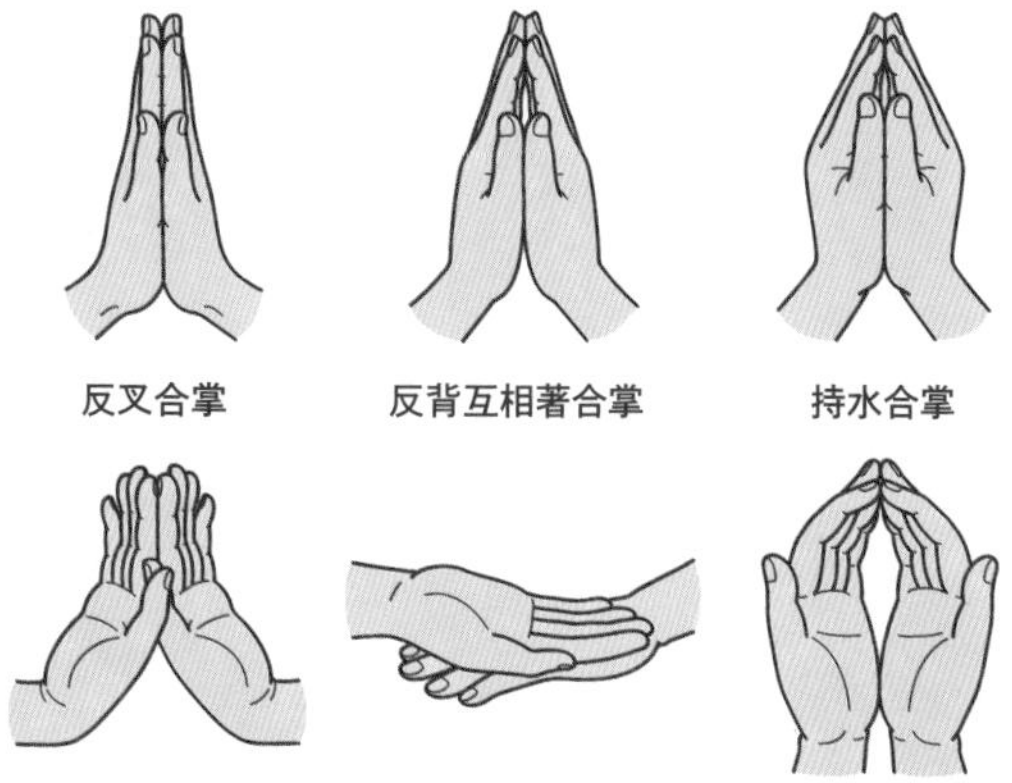

出典：潮弘憲『真言密教事相概論』法藏館、2023年、P.298

密教から学ぶ

仏の徳や悟りを表す印を結び真言を唱えることで、心が整い仏の加護を得られる

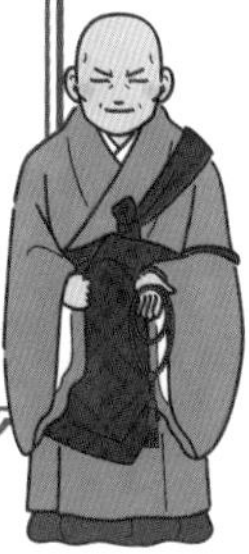

第3章
密教の教え

曼荼羅とは

両界曼荼羅

密教を経典や注釈書だけで理解するのは困難なため大宇宙の本質を仏の配置で表現した曼荼羅《まんだら》で把握する

表裏一体の世界を表す2種類の曼荼羅《まんだら》

曼荼羅《まんだら》とは密教の教えを視覚的に表現したもの。空海が経典とともに唐から持ち帰ったもので、御請来目録《ごしょうらいもくろく》では「密教の教えは非常に奥深く、文章で伝えるのは難しい。このため図画（曼荼羅）を用いて、まだ悟りを開いていない人たちに開示するのだ」と説明している。

曼荼羅は大宇宙の本質を仏の配置で表現した「複数の仏の集合図」であり、密教の仏は全て曼荼羅の中に描かれている。大日経《だいにちきょう》を基に描かれた「胎蔵界曼荼羅《たいぞうかいまんだら》」と、金剛頂経《こんごうちょうぎょう》を基に描かれた「金剛界曼荼羅《こんごうかいまんだら》」があるが、この世界は二つで一つ。真理の表裏を表しており、本来一つであるという思想から「両部不二《りょうぶふに》」と呼ばれている。

胎蔵界曼荼羅とは

胎蔵界曼荼羅は、大日如来《だいにちにょらい》を中心に密教の仏が全て集まった集合図。大日如来の慈悲や智慧《ちえ》は同心円状に広がっており、広がった先にいる釈迦《しゃか》如来や観音菩薩《かんぜおんぼさつ》、般若《はんにゃ》菩薩や文殊《もんじゅ》菩薩など４１４の諸尊が分担し、それぞれの方法で衆生を救済する姿を表したものだ。院と呼ばれる12区画で構成されており、中央の中台八葉院《ちゅうだいはちよういん》には、大日如来を中心に蓮《はす》の花弁に乗った4尊の如来（宝幢《ほうとう》如来、阿弥陀《あみだ》如来、開敷華王《かいふけおう》如来、天鼓雷音《てんくらいおん》如来）と4尊の菩薩（普賢《ふげん》菩薩、文殊菩薩、観自在《かんじざい》菩薩、弥勒《みろく》菩薩）が描かれている。胎蔵界曼荼羅の大日如来は瞑想中《めいそうちゅう》であることを意味する法界定印《ほっかいじょういん》を結び、「理念の世界」を表している。

胎蔵界曼荼羅と金剛界曼荼羅

胎蔵界曼荼羅（写真左）は東を上、金剛界曼荼羅（写真右）は西を上に描かれている

胎蔵界曼荼羅（両界曼荼羅のうち）奈良国立博物館所蔵／画像提供　奈良国立博物館

金剛界曼荼羅（両界曼荼羅のうち）奈良国立博物館所蔵／画像提供　奈良国立博物館

金剛界曼荼羅とは

金剛界曼荼羅は、大日如来の智慧を表現したもの。9種類（九会）の曼荼羅で構成されており、衆生が悟りに至る過程と大日如来が衆生を救済する過程を表している。全部で1461尊が描かれているが、同じ仏が何度も姿形を変えて登場しているのが特徴。最も重要とされる中央の成身会には、五智《ごち》如来（大日如来、阿閦《あしゅく》如来、阿弥陀如来、宝生《ほうしょう》如来、不空成就《ふくうじょうじゅ》如来）が配されており、それぞれの如来は大日如来の智慧を象徴している。金剛界曼荼羅の大日如来は智慧を極めたことを象徴する智拳印《ちけんいん》を結び、「智慧の世界」を表している。

密教から学ぶ

胎蔵界（理念の世界）と金剛界（智慧の世界）は表裏一体、二つで一つ

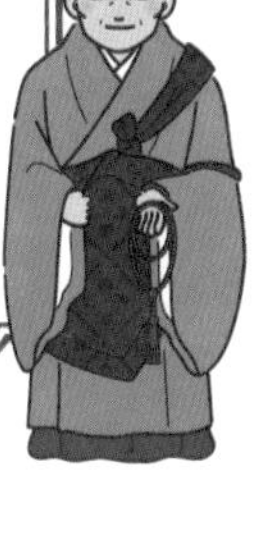

仏の区分は如来《にょらい》・菩薩《ぼさつ》・明王《みょうおう》・天《てん》の4種類 それぞれの仏の違いと特徴を知る

密教の本尊である大日如来《だいにちにょらい》

日本でよく見られる仏は、「如来」「菩薩」「明王」「天」の4種類に区分される。

　如来とは悟りを獲得した仏のことで、密教では大日如来を本尊としている。密教の根本経典である『大日経《だいにちきょう》』と『金剛頂経《こんごうちょうぎょう》』は、大日如来は太陽の象徴であり、全ての諸尊は大日如来から出生したと解説。また大日如来は姿形を変え、さまざまな仏の姿になって人々を救い導くという。

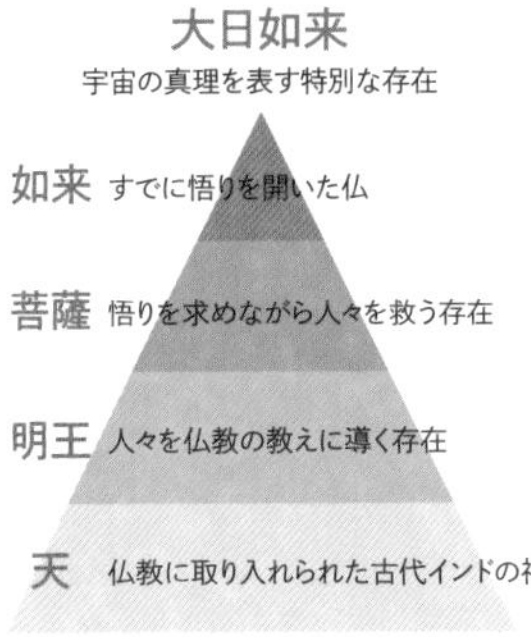
大日如来
宇宙の真理を表す特別な存在
如来　すでに悟りを開いた仏
菩薩　悟りを求めながら人々を救う存在
明王　人々を仏教の教えに導く存在
天　仏教に取り入れられた古代インドの神々

　すでに悟りを開き煩悩から解放されている如来は宝石や装飾品などを身に着けておらず、衣1枚の姿で表現されることが多い。しかし大日如来は宝冠をかぶり、首飾りや腕飾りを着けている。これは大日如来が宇宙の真理そのものであり、全ての仏を統一する最高の地位にあることを示すため。装身具により大日如来の特別感や威厳を示しているのだ。胎蔵界《たいぞうかい》の大日如来は法界定印《ほっかいじょういん》を、金剛界《こんごうかい》の大日如来は智拳印《ちけんいん》を結んでいるのも特徴の一つである。

　人が臨終を迎えようとしたとき、極楽浄土へ導くために迎えに来てくれるのが阿弥陀《あみだ》如来だ。しかしその人の資質や信仰の深浅によって、極楽往生の方法は異なる。阿弥陀如来の来迎印《らいごういん》には9種類あり、印の種類によって往生の方法と成仏の種類を表している。

阿弥陀如来

施無畏印は相手の畏れをなくす姿勢、与願印は相手の願いを聞き届ける姿勢を表す

阿弥陀如来立像　奈良国立博物館所蔵
画像提供　奈良国立博物館

大日如来（金剛界大日如来）

密教の根本仏として帰依されている大日如来。胎蔵界の大日如来は悟りの境地を象徴する法界定印を、金剛界の大日如来は仏の智慧を表す智拳印を結んでいる

重要文化財　大日如来坐像　奈良国立博物館所蔵
画像提供　奈良国立博物館

●阿弥陀如来の結ぶ九品《くほん》来迎印

深い ↑ 衆生の信仰心が ↓ 浅い

上品《じょうぼん》 両手を組み合わせる	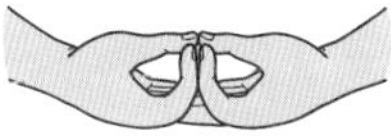	上生《じょうしょう》	親指と人差し指で輪を作る
		中生《ちゅうしょう》	親指と中指で輪を作る
		下生《げしょう》	親指と薬指で輪を作る
中品《ちゅうぼん》 両手を上に向ける	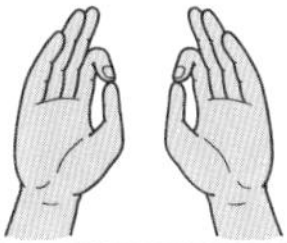	上生《じょうしょう》	親指と人差し指で輪を作る
		中生《ちゅうしょう》	親指と中指で輪を作る
		下生《げしょう》	親指と薬指で輪を作る
下品《げぼん》 右手を上、左手を下に向ける	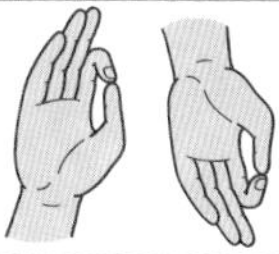	上生《じょうしょう》	親指と人差し指で輪を作る
		中生《ちゅうしょう》	親指と中指で輪を作る
		下生《げしょう》	親指と薬指で輪を作る

人々を苦難から救う菩薩

菩薩は悟りを求める者。如来となるための修行を積みながら人々を救済しており、すでに悟りを開いているが人々の救済を続けるためにあえて如来にならず、この世に留まっている存在だ。出家する前の釈迦の姿をモデルにしているため衣装は豪華で、冠や耳飾り、腕輪などを着けている。如来同様菩薩も複数存在し、それぞれが人々を苦難から救済する役割を担っている。よく耳にする「お地蔵様」や「観音様」も菩薩たちの一尊だ。

密教の仏はヒンズー教の影響を受けており、「多面《ためん》多臂像《たひぞう》（顔や腕がたくさんある像）」や「忿怒形《ふんぬぎょう》（恐ろしく険しい形相）」といった密教独特の特徴を持つ。あらゆる方向に慈悲を示す十一面観音や、多様な願いを聞き届けるために千本の手を持つ千手観音は、多面多臂像の最たる像といえるだろう。

厳しい表情で人々を導く明王

明王は密教独自の尊格《そんかく》（種類）であり、大日如来の命を受け、人々を正しい教えに導き救うという役割を担う。衆生救済という目的は菩薩と同じだが、菩薩が慈愛に満ちた表情をしているのに対し、明王は忿怒形を示している。これは「人々を救うのだ」という強い決意の表れであり、救い難い衆生を怒りの表情で導く様子を表現している。

護摩行《ごまぎょう》の本尊である不動明王《ふどうみょうおう》は、背負っている火で煩悩を焼き、宝剣で煩悩を断ち切り、羂索《けんさく》（縄）で迷っている人を引き上げて衆生を導くといわれている。如来や菩薩は慈悲の心で衆生を救うが、明王は半ば実力行使で人々を救う。宝剣や弓矢などの武器は、敵を倒すためではなく煩悩を断ち切り迷いをはらうために用いられる宝具だ。

如来や菩薩を守護する天

天は、バラモン教やヒンズー教など古代インドの神々を仏教に取り入れたもので、神々が仏教に帰依して天になったといわれている。如来や菩薩の眷属《けんぞく》として仏を守るとともに、その仏を信じる人を救い守る存在である。貴族の姿をした梵天《ぼんてん》や帝釈天《たいしゃくてん》、女性の姿をした吉祥天《きっしょうてん》や弁財天《べんざいてん》、武将の姿をした毘沙門天《びしゃもんてん》、動物の姿をした迦楼羅《かるら》など、姿形は多種多様だ。

毘沙門天は、サンスクリット語のヴィシュラヴァナを音写したもの。インドの財宝神が原型で、軍神・守護神としても崇敬を集めている。平安時代には羅城門《らじょうもん》（平安京の正門）の楼上に安置され、鎮護《ちんご》国家《こっか》の役割を担っていた。毘沙門天は七福神にも含まれており、広く民間で信仰されている。

普賢菩薩

釈迦如来の慈悲を象徴する仏で、心の安定をつかさどるとされる。法華経を守る仏として、白像に乗る姿で表されることもある

重要美術品　普賢菩薩坐像　奈良国立博物館所蔵
画像提供　奈良国立博物館

不動明王

明王の中心的存在。智慧（ちえ）の象徴である剣で煩悩や災いを断ち切り、羂索（縄）で従わないものを縛って仏法の世界へ導くとされる

重要美術品　不動明王二童子像　奈良国立博物館所蔵
画像提供　奈良国立博物館

毘沙門天

戦勝を祈願する神として、武士階級からの信仰を集める。右手に三つの穂を有するほこの一種である三叉戟（さんさげき）、左手に釈迦の遺骨を納めた多宝塔を持ち、足で邪鬼を踏みつけている

毘沙門天立像　奈良国立博物館所蔵
画像提供　奈良国立博物館

密教から学ぶ

仏は大きく分けて4種類あり、人々を救済する存在として信仰されている

護摩行《ごまぎょう》は密教の修法《しゅほう》の一つ 大日如来《だいにちにょらい》の智慧の火で煩悩を焼き払う

護摩行の火は大日如来の智慧《ちえ》の象徴

護摩行は密教の修行の一つ。一般的には加持《かじ》祈祷《きとう》と同一視されることが多いが、密教では「加持」と「祈祷」を区別している。加持とは大日如来の慈悲と衆生の信仰心が一つになること、祈祷とは仏に自分の願いや意志を届けることを指す。護摩行は「護摩壇《ごまだん》に設けられた火炉《かろ》に護摩木《ごまぎ》を焚《た》き、火の前で祈祷する修行」であり、護摩祈祷とも呼ばれる。もともとはバラモン教の「供物を火中に投げ入れ、天の神々のもとに運んで供養する」という祭礼だったが、紀元前5世紀ごろに仏教と融合。密教の教えの中で発展し、現在の形となった。日本の仏教宗派の中で護摩行を執り行なうのは真言宗と天台宗だけである。

時代劇などでは、政敵を陥れるために護摩行をするシーンが描かれることがある。またスポーツ選手が護摩行に取り組むこともあるため、「護摩行とは、仏に自分の願いを叶えてもらうために行うものだ」と思う人もいるかもしれない。だが正しくは、悟りを開くための修行である。

護摩行に用いる火は、大日如来の智慧を象徴している。本尊の前に護摩壇を組み、火(大日如来の智慧)の前に座って本尊に祈りを捧げることで、煩悩《ぼんのう》が焼き払われ心が浄化される。浄化された心で本尊と一体となり、悟りを進めるのが護摩行の目的だ。

密教系の寺院を訪れると、添護摩木《そえごまぎ》の案内を見かけることがある。添護摩木とは、祈りを捧げながら火中に投入する小さな薪のこと。添護摩木に氏名と願い事を記入して護摩の火で焼き、願い事を清めて成就を祈願するのだ。

護摩行の種類

護摩行ではさまざまな祈願が行われている。祈願内容は国家規模のものから個人の小さな願い事まで多種多様。大きく分けて4種類あり（四種法《ししゅほう》）、何の祈願なのかは炉の形や僧侶の衣の色などで識別できる。

護摩行の基本となるのが「息災法《そくさいほう》」だ。病気平癒や安産祈願、災害からの復興などを祈願するもので、炉の形は円形、僧侶は白の衣を着用する。長寿延命や商売繁盛を祈願するのが「増益法《ぞうやくほう》」で、男女の愛や目上の人への恩顧などを祈願する場合は「敬愛法《けいあいほう》」を行う。政敵を陥れたり敵方武将の退散を願うときに「調伏法《ちょうぶくほう》」が用いられた過去もあったが、本来の調伏法は大日如来の慈悲の心で悪心を善心に変化させること。個人の障難を抑え、煩悩や悪行の勢力を弱めるのも目的の一つとされる。護摩行の炎で焼き払うのは他人ではなく、悟りの妨げになる自分の中の煩悩と考えるべきだろう。

護摩行で
仏に願いを
届ける

添護摩木に
願いを書く

四種法による護摩行の違い

四種法	祈願の内容	炉の形	拝む方角	衣の色
息災法	病気平癒 煩悩除去 天変地異の防止	丸	北	白
増益法	長寿延命 学業成就 商売繁盛	四角	東	黄
調伏法	怨敵退散 魔障除去 悪業勢力の調伏	三角	南	黒
敬愛法	夫婦円満 良縁祈願 国際平和	蓮華形	西	赤

護摩行にあたっては、背中に背負った火炎で衆生の煩悩障難を焼き尽くす不動明王が本尊とされることが多い

密教から学ぶ

大日如来の智慧である火で煩悩を焼き滅ぼし、目標に向かって努力しよう

空海を知る③

南都六宗《なんとろくしゅう》と空海

仏教界で強い勢力を誇る南都六宗と友好関係を築き、最終目標を叶える

空海と最澄《さいちょう》が活躍した平安時代初期は奈良仏教（南都六宗）が力を持っていた。密教はまだ新興勢力にすぎなかったが、南都六宗の僧侶が政治介入するのを嫌った桓武《かんむ》天皇は806年に天台宗《てんだいしゅう》を国家宗教の一つとして正式に認める。さらに最澄は「天台宗の教えは、南都六宗と異なる」と主張し、比叡山《ひえいざん》に天台宗独自の戒壇院《かいだんいん》を設立することを要望した。新興勢力である天台宗が力をつけることを嫌った南都六宗は最澄を激しく批判。両者は長年にわたって対立し、繰り返し論争が発生している。

一方、空海は南都六宗と友好な関係を構築していた。空海は大安寺《だいあんじ》で学んだともいわれており、奈良とは縁が深い。僧侶たちの上奏文《じょうそうぶん》を代筆するなど、個人的にも親しくしていたようだ。真言宗では「真言密教は究極の教えであり、華厳経《けごんきょう》や法華経《ほけきょう》より大日経《だいにちきょう》や金剛頂経《こんごうちょうぎょう》の方が優れている」とするが、空海は南都六宗と折り合いをつける形で真言宗を開祖。最終的には東大寺《とうだいじ》の一角に、真言宗専門の戒壇院を設立することを許されている。

●真言宗と天台宗の違い

項目	真言宗	天台宗
宗祖	空海	最澄
本山	高野山金剛峯寺	比叡山延暦寺
本尊	大日如来	釈迦如来
経典	大日経と金剛頂経	法華経
後見	嵯峨天皇	桓武天皇
南都六宗との関係	友好	敵対

第4章

弘法大師の教えを感じる場所

～弘法大師信仰

最澄《さいちょう》に遅れること55年、空海が、ついに弘法大師《こうぼうだいし》になる

空海と弘法大師は同一人物

「弘法筆を選ばず」「弘法も筆のあやまり」などのことわざを耳にしたことがある人は多いだろう。弘法とは弘法大師のこと、つまり空海のことである。空海はいつごろ、なぜ、弘法大師になったのだろうか。

まずは「大師《だいし》」について見てみよう。大師とは人を教え導く偉大な師という意味。唐では高僧に対する敬称として用いられ、日本では朝廷から高僧に与えられる諡号《しごう》（生前の徳を讃え、死後に与えられる名前）となった。日本で初めて大師の諡号を与えられたのは、最澄と円仁《えんにん》である。866年、清和《せいわ》天皇は最澄（没後44年）に伝教大師《でんぎょうだいし》、円仁（没後2年）に慈覚大師《じかくだいし》の諡号を与えている。円仁は最澄の直弟子で、日本密教の発展に寄与した第3代延暦寺座主《えんりゃくじざす》である。

天皇の夢枕に立ち、諡号を賜る

空海が弘法大師になるきっかけを作ったのは、寛平《かんぴょう》法皇である。寛平法皇（宇多《うだ》天皇の出家後の称）は真言宗に厚く帰依しており、仏道に専念するために譲位したのではという見方もある人物だ。在位中である888年には勅願寺《ちょくがんじ》（時の天皇の発願で創建された寺）として仁和寺《にんなじ》を創建し、譲位後は仁和寺で出家。初代別当は天台宗の僧侶だったが、自分が出家した際に別当を真言宗の僧侶に交代させている。空海が真言密教の根本《こんぽん》道場と位置づけた東寺で伝法灌頂《でんぽうかんじょう》（阿闍梨の位を授ける儀式）を受け

て自ら阿闍梨となるなど、空海への強い思いが伺える。918年、息子である醍醐《だいご》天皇に「空海に諡号を与えたい」と願い出ており、同時期に東寺長者《ちょうじゃ》（東寺の長官）の観賢僧正《かんげんそうじょう》も醍醐天皇に同様の上表をしたのだが、その時は許可が下りなかった。

空海に「弘法大師」の諡号が与えられたのは空海の入定《にゅうじょう》から86年後、921年10月27日のことである。高野山金剛峯寺《こうやさんこんごうぶじ》には、諡号授与にまつわる逸話が残されている。――921年10月21日の夜、空海が醍醐天皇の夢枕に立ち、「衣が破れているので、新しい衣を賜りたい」と願った。そこで醍醐天皇は空海に、桧皮色《ひわだいろ》の衣と弘法大師の諡号を贈った――自ら天皇の夢枕に立つとは行動力のある空海らしいと思えなくもない。

918年に一度却下された願い出が、921年になって許可された理由は分からない。ただ醍醐天皇は弘法大師の諡号授与理由に「寛平法皇が空海を追憶しているため」と述べている。経緯は不明だが寛平法皇の意図が反映されたことに間違いはないだろう。

●大師号を贈られた僧侶

僧名	大師号	宗派	没年	宣下年	時代
最澄	伝教大師	天台宗	822	866	平安
円仁	慈覚大師	天台宗	864	866	平安
空海	弘法大師	真言宗	835	921	平安
円珍	智証大師	天台寺	891	928	平安
良源	慈慧大師	天台宗	985	ー	平安
益信	本覚大師	真言宗	906	1308	鎌倉
天海	慈眼大師	天台宗	1643	1648	江戸
覚鑁	興教大師	真言宗	1143	1690	江戸
法然	円光大師	浄土宗	1212	1697	江戸
聖宝	理源大師	真言宗	909	1707	江戸
良忍	聖応大師	念仏宗	1132	1773	江戸
実慧	道興大師	真言宗	847	1774	江戸
真雅	法光大師	真言宗	879	1827	江戸

僧名	大師号	宗派	没年	宣下年	時代
親鸞	見真大師	浄土真宗	1263	1876	明治
道元	承陽大師	曹洞宗	1253	1879	明治
俊芿	月輪大師	真言宗	1227	1883	明治
蓮如	慧灯大師	浄土真宗	1499	1882	明治
真盛	慈摂大師	天台真	1495	1883	明治
瑩山紹瑾	常済大師	曹洞宗	1325	1909	明治
関山慧玄	無相大師	臨済宗	1360	1909	明治
隠元	真空大師	黄檗宗	1673	1917	大正
日蓮	立正大師	日蓮宗	1282	1922	大正
授翁宗弼	微妙大師	臨済宗	1380	1927	昭和
無文元選	円明大師	臨済宗	1390	1938	昭和
一遍	証誠大師	時宗	1289	1940	昭和

※法然と隠元は、50年ごとに大師号が追贈されている

第4章
弘法大師信仰
11世紀頃
空海没後以降

人智の及ばない出来事から人々を守る密教の教えと弘法大師《こうぼうだいし》・空海への感謝が、弘法大師信仰として定着

極楽往生《ごくらくおうじょう》を目指す貴族と高野山《こうやさん》参り

921年10月27日、空海は弘法大師という諡号《しごう》と桧皮色《ひわだいろ》の衣を賜った。その衣を空海に捧げたのが、東寺長者《ちょうじゃ》の観賢《かんげん》である。「東寺から高野山に登った観賢が衣を捧げて廟所《びょうしょ》（空海の居室）の扉を開けたところ、空海の姿は見えなかった。観賢は自分の不徳を恥じて一心に祈ったところ、霧が晴れるように空海が姿を現したので衣を取り替えた」という話が残されている。

平安時代中期の朝廷では、極楽往生を目指す浄土教《じょうどきょう》が広まっていた。観賢のこの不思議な体験は「空海は高野山で、衆生救済のために祈り続けている」という伝承となり、高野山が霊場化。貴族たちの中に「弘法大師・空海が祈りを捧げて

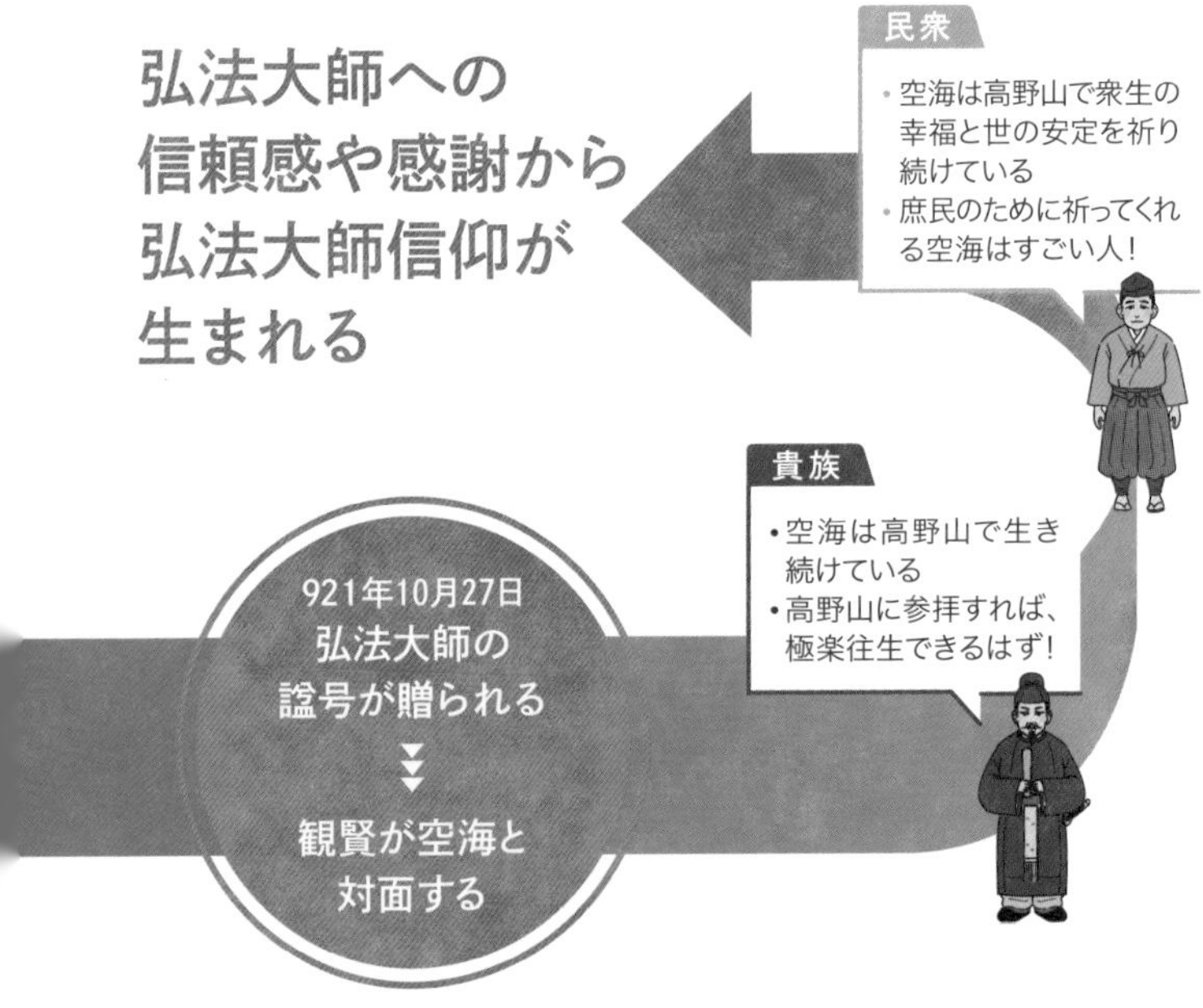

民衆
・空海は高野山で衆生の幸福と世の安定を祈り続けている
・庶民のために祈ってくれる空海はすごい人！
弘法大師への信頼感や感謝から弘法大師信仰が生まれる
貴族
・空海は高野山で生き続けている
・高野山に参拝すれば、極楽往生できるはず！
921年10月27日 弘法大師の諡号が贈られる
観賢が空海と対面する

いる霊場・高野山に参詣すれば極楽往生できるはずだ」という考えが広まり、高野山信仰・弘法大師信仰が深まった。

加持祈祷への期待と弘法大師信仰

平安時代において「天変地異」や「疫病の流行」は人間では説明のできないこととされ、生き霊や怨霊・神々の怒りの仕業と考えられた。こういった生き霊や怨霊、荒ぶる神々を鎮めるために用いられたのが加持祈祷《かじきとう》だ。加持の「加」は仏からの働きかけ、「持」は仏からの働きかけを受け止めて維持するという意味を持つ。密教は天変地異や疫病から人々を守る仏の力として期待され、生活の安穏に欠かせない信仰として定着した。

これに加えて高野聖《こうやひじり》（修業のために各地を巡り歩いた真言宗の僧侶）が「弘法大師・空海は、衆生を迷いや苦しみから救うために今も高野山で祈り続けている」という説話を全国に伝え歩く。密教への信仰心と空海への感謝が徐々に形を変え、弘法大師信仰に変化していった。

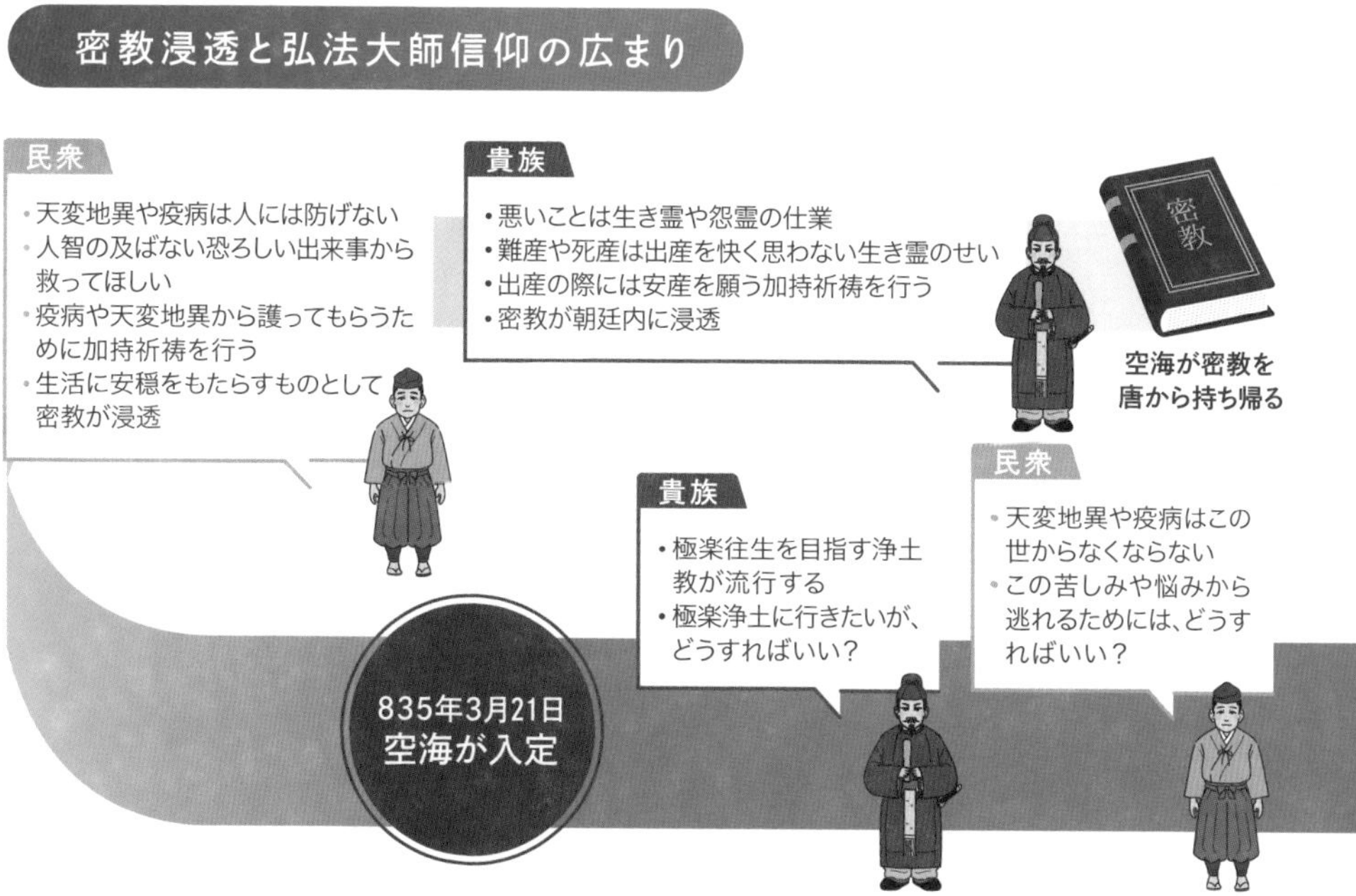
密教浸透と弘法大師信仰の広まり
民衆
・天変地異や疫病は人には防げない
・人智の及ばない恐ろしい出来事から救ってほしい
・疫病や天変地異から護ってもらうために加持祈祷を行う
・生活に安穏をもたらすものとして密教が浸透
貴族
・悪いことは生き霊や怨霊の仕業
・難産や死産は出産を快く思わない生き霊のせい
・出産の際には安産を願う加持祈祷を行う
・密教が朝廷内に浸透
密教
空海が密教を唐から持ち帰る
貴族
・極楽往生を目指す浄土教が流行する
・極楽浄土に行きたいが、どうすればいい？
民衆
・天変地異や疫病はこの世からなくならない
・この苦しみや悩みから逃れるためには、どうすればいい？
835年3月21日
空海が入定

弘法大師信仰はいつごろから広まった？

空海（弘法大師）が高野山で衆生の幸せを祈り続けているという「弘法大師入定信仰」は11世紀初頭から広まり始め、高野聖や修験者の口伝により全国に浸透していった。

第4章
弘法大師信仰
江戸時代
空海没後以降

修行のための巡礼路だった「四国辺路《へじ》」が一般庶民の間に広がり「四国遍路《へんろ》」として定着する

四国辺路から四国遍路へ

僧侶や修験者の修行の道だった「四国辺路」が江戸時代に一般庶民による「信仰の巡礼地」に変化

徳島県鳴門市にある第1番札所・霊山寺《りょうぜんじ》

修行のための「四国辺路」

平安時代中期になると、四国は空海の出生地と修行地として知られるようになった。空海は讃岐国《さぬきのくに》の出身であり、『三教指帰《さんごうしいき》』には「阿波国大瀧嶽《あわのくにだいりゅうがたけ》」「土佐国室戸崎《とさのくにむろとのさき》」「伊予国石鎚山《いよのくにいしづちさん》」が修行地として記されている。真言宗を学ぶ僧侶にとって、偉大な師匠である空海の足跡をたどる四国巡礼は非常に重要な修行だっただろう。平安時代末期に成立した『梁塵秘抄《りょうじんひしょう》』や『今昔物語』には、四国の海岸線を歩きながら各地の霊験所や寺院に参詣する「四国辺路」が登場。最終目的地を目指す往復型ではなく、四国全土に展開する回遊型の巡礼路として知られるようになる。

巡礼中の僧侶は日々の食事を托鉢《たくはつ》（経を唱えなが

平安時代～戦国時代

修行のために空海の足跡をたどる
「四国辺路」

- 僧侶や山伏、修験者が修行目的で実施
- 巡礼ルートは決まっていない
- 托鉢をしながら霊験所に参拝し、四国の海岸線を巡礼する

江戸時代中期～

先祖供養など個人の事情で巡礼する
「四国遍路」

- 一般庶民がさまざまな目的で実施
- 1687年刊行の四国遍路指南で、巡礼ルートや参拝寺院が示される
- お接待を受けながら、巡礼ルートに沿って88の寺院を参拝する

ら家の前に立ち、その家の人に食物や金銭をもらうこと）で得ていた。托鉢を求める修行僧に食物などを施す行為はお接待文化（お遍路さんに親切にすること）として現在に受け継がれている。

庶民に広がった四国巡礼

戦国時代までの「四国辺路」は主に修行僧のものだったが、江戸時代になると庶民の巡礼が目立ち始める。きっかけとなったのが、1687年に刊行された『四国遍路指南《しこくへんろしなん》』だ。高野聖《こうやひじり》の真念《しんねん》が執筆した四国遍路のガイドブックで、巡礼すべき寺院を88とし、ナンバリングして巡礼ルートを決定。各霊場の情報や功徳、遍路の心得などに加えて格安の宿情報まで掲載した、極めて実用的な内容となっている。

元禄《げんろく》年間になると海上交通も発達し、旅もしやすくなった。参勤交代の関係で街道や交通網が整備されたこともあり、四国遍路は一般に広く流行。先祖供養や現生利益《げんぜりやく》などさまざまな目的で、庶民が巡礼者として四国を訪れるようになる。

第4章
弘法大師信仰
江戸時代
空海没後以降

空海の足跡をたどりながら自分を見つめ直す 全長約１２００㎞の四国八十八ケ所巡り

四国八十八ケ所霊場と四国遍路《へんろ》

四国八十八ケ所霊場を巡礼することを四国遍路と呼ぶ。人間には１０８の煩悩《ぼんのう》があるが、空海(弘法大師)ゆかりの札所《ふだしょ》を巡礼することで煩悩を取り払い、悟りを開くことができるといわれているのだ。霊場とはご利益があるといわれる土地や寺のこと。徳島県にある1番札所(霊場の総称)からスタートし、高知県、愛媛県、香川県と右回りに巡ることを「順打ち《じゅんうち》」、88番札所から香川県、愛媛県、高知県、徳島県と左回りに巡ることを「逆打ち《ぎゃくうち》」、県ごとに巡ることを「一国参り《いっこくまいり》」と呼ぶ。

各県の札所は人の心の成長に応じて、四つの道場に区分される。1～23番の徳島県の札所は、物事を思い立ち修行を始めることを意味する「発心《ほっしん》の道場」。比較的歩きやすい道が多く、初心者向きともいわれている。24～39番の高知県の札所は、自らと向き合って苦闘する「修行の道場」。札所間の距離が長く、体力的にも精神的にも厳しい道のりだ。愛媛県の40～65番札所は厳しい修行を超えて迷いや煩悩から解き放たれる「菩提《ぼだい》の道場」。66～88番札所のある香川県は、結願成就《けちがんじょうじゅ》し悟りの境地に達する「涅槃《ねはん》の道場」と位置付けられている。

遍路中はいつも「お大師さま」と一緒

四国遍路の中で重要なのが、「同行二人《どうぎょうににん》」の言葉だ。同行は信仰を同じくする者のことで弘法大師を指し、二人は弘法大師と自分である。「遍路中は常にお大師さまがかたわらに寄り添い、同行してくださる」という意味だ。遍路がかぶる菅笠《すげがさ》には弥勒菩薩《みろくぼさつ》と弘法大師を表す梵字《ぼんじ》「𑖧𑖲」（発音はユ）が書かれている。弘法大師とともに巡礼していることを表しており、梵字が正面に来るように菅笠をかぶるのが正式。遍路をする者の正装とされる白衣《びゃくえ》の背中にも「同行二人」「南無大師遍照金剛《なむだいしへんじょうこんごう》」と書かれており、常に空海（弘法大師）と二人で遍路をしているという意味が込められている。

1～88番までの札所を歩いて巡った場合、総移動距離は約1200㎞となる。長く険しい道のりを歩き通すのは、体力的にも精神的にも楽ではない。自分を見守り寄り添ってくれる「お大師さま（弘法大師）の存在」があるからこそ、困難な道のりを乗り越え悟りを開けるのかもしれない。

札所には番号がついているため「順番に参詣した方が良いのでは？」と考える人も多いが、仏教的に決められた順路はない。近年では88の霊場を何度かに分けて巡る「区切り打ち」を選ぶ巡礼者が増えており、巡礼の目的も多様化している。

お遍路さんの持ち物

ろうそく
迷いの世界を照らす仏の知恵を表す。読経前にお供えする

線香
香りで仏をもてなし、徳をいただく。ろうそくと共に供える

経本《きょうほん》
般若心経や各札所本尊の真言などが書かれた小冊子

数珠
煩悩の数である108個の球が連なった真言宗用の数珠

納札《おさめふだ》
自分の名前や願いごとなどを記入し、参拝の証として奉納する

納経帳
参拝の証として御朱印をいただくための帳面

菅笠
弘法大師を意味する梵字、同行二人の文字などが書かれている

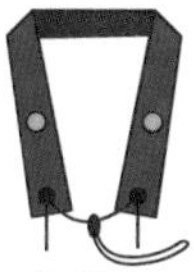

輪袈裟《わげさ》
袈裟を簡略化したもの。食事やトイレの時は外す

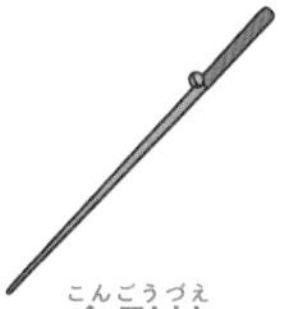

金剛杖《こんごうづえ》
弘法大師の化身。お大師さまと共に歩くという意味を持つ

白衣《びゃくえ》
背中に「南無大師遍照金剛」「同行二人」と書かれている

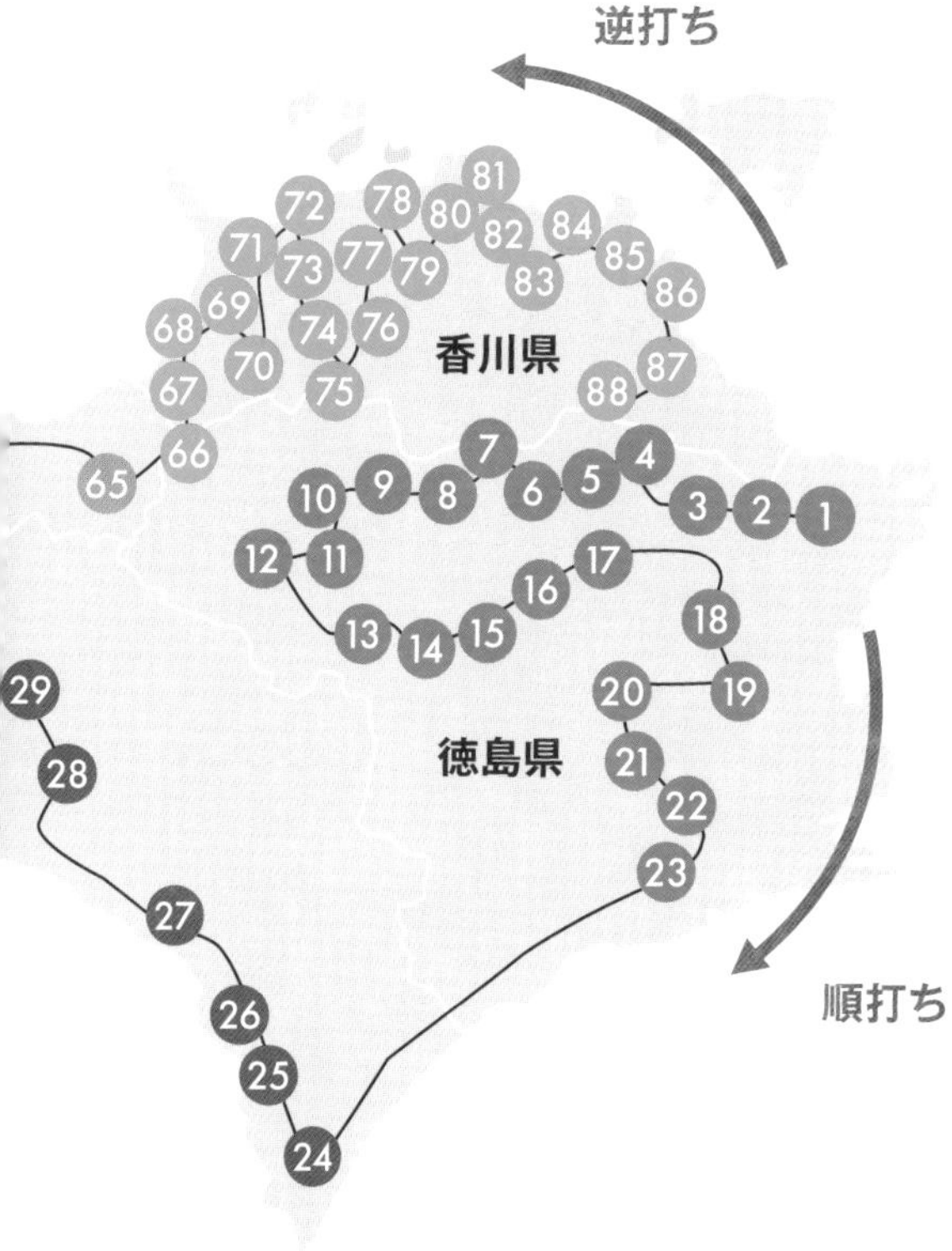

徳島-発心の道場-

1 霊山寺
2 極楽寺
3 金泉寺
4 大日寺
5 地蔵寺
6 安楽寺
7 十楽寺
8 熊谷寺
9 法輪寺
10 切幡寺
11 藤井寺
12 焼山寺
13 大日寺
14 常楽寺
15 國分寺
16 観音寺
17 井戸寺
18 恩山寺
19 立江寺
20 鶴林寺
21 太龍寺
22 平等寺
23 薬王寺

高知-修行の道場-

24 最御崎寺
25 津照寺
26 金剛頂寺
27 神峯寺
28 大日寺
29 国分寺
30 善楽寺
31 竹林寺
32 禅師峰寺
33 雪蹊寺
34 種間寺
35 清瀧寺
36 青龍寺
37 岩本寺
38 金剛福寺
39 延光寺

参拝の順序

山門で一礼し、手水舎《ちょうずや》で手と口を清めて輪袈裟《わげさ》を首にかけ本堂へ向かう

▼

本堂の納札箱《のうさつばこ》へ納札《おさめふだ》を1枚納め、ろうそくと線香を供える

▼

合唱礼拝し、経本《きょうほん》を持って読経する

▼

大師堂の納札箱へ納札を1枚納め、本堂と同様に参拝する

▼

納経所で揮毫《きごう》と御朱印《ごしゅいん》、御影《おすがた》(各札所の本尊の分身)をいただく

四国八十八ケ所巡り

愛媛-菩提の道場-

- 40 観自在寺
- 41 龍光寺
- 42 佛木寺
- 43 明石寺
- 44 大寶寺
- 45 岩屋寺
- 46 浄瑠璃寺
- 47 八坂寺
- 48 西林寺
- 49 浄土寺
- 50 繁多寺
- 51 石手寺
- 52 太山寺
- 53 圓明寺
- 54 延命寺
- 55 南光坊
- 56 泰山寺
- 57 栄福寺
- 58 仙遊寺
- 59 国分寺
- 60 横峰寺
- 61 香園寺
- 62 宝寿寺
- 63 吉祥寺
- 64 前神寺
- 65 三角寺

香川-涅槃の道場-

- 66 雲辺寺
- 67 大興寺
- 68 神恵院
- 69 観音寺
- 70 本山寺
- 71 弥谷寺
- 72 曼荼羅寺
- 73 出釈迦寺
- 74 甲山寺
- 75 善通寺
- 76 金倉寺
- 77 道隆寺
- 78 郷照寺
- 79 天皇寺
- 80 國分寺
- 81 白峯寺
- 82 根香寺
- 83 一宮寺
- 84 屋島寺
- 85 八栗寺
- 86 志度寺
- 87 長尾寺
- 88 大窪寺

四国遍路の装束

四国遍路の際は、歩きやすい靴と体温調節がしやすく動きやすい服が推奨される。ドレスコードはないため服装は自由だが、遍路の正装である白衣《びゃくえ》、弘法大師と共にあることを示す菅笠、弘法大師の化身である金剛杖《こんごうづえ》を身につけるのが一般的だ。

四国遍路をしたいが四国まで行けない人のために全国各地で四国霊場を模した「地四国《ちしこく》」が開かれる

全国各地にある「地四国《ちしこく》」

開創	
一六八六年	**小豆島《しょうどしま》八十八ヶ所** 空海自ら開いたと伝わり「元四国《もとしこく》」とも呼ばれる
一六九一年	**伊那諏訪《いなすわ》八十八霊場** 長野県南信地方に広がる古い霊場
一七四五年	**佐渡《さど》八十八ヶ所霊場** 島外に出るのが難しかったことから、霊場を開く
一七五五年頃	**御府内《ごふない》八十八ヶ所** 総距離約70㎞で、札所はほぼ東京23区内にある

四国遍路は西日本中心に浸透

江戸時代中期になると、一般庶民にも四国遍路が流行。多くの庶民が現世利益や先祖供養のため、四国を巡礼するようになる。ただ四国遍路は参詣場所が多く移動距離も長いため、「誰もが目指せる場所」ではなかった。同時期に流行した「こんぴら参り」や「伊勢参り」は全国から参詣客が集まったが、四国遍路の巡礼者は西日本、特に四国（徳島県、香川県、愛媛県）、中国（岡山県、広島県）・近畿（和歌山県、大阪府、兵庫県）地方出身者が大半。四国遍路は全てを巡るのに40～50日かかるので、東日本から参詣するのは難しかったのだろう。

「小豆島八十八ヶ所」「知多四国八十八ヶ所」「篠栗四国八十八カ所」は
日本三大新四国霊場ともいわれ、現在も多くの巡礼者が参拝に訪れる

- 一八〇九年　**知多《ちた》四国八十八ヶ所**　全行程194㎞。知多半島を一周する順路をとる
- 一八二七年　**御室《おむろ》八十八ヶ所霊場**　仁和寺《にんなじ》の裏・成就山《じょうじゅさん》の山道約3㎞の霊場
- 一八五五年　**篠栗《ささぐり》四国八十八カ所**　帰国後の空海が修行した地を含む約50㎞の巡礼路
- 一九一八年　**広島新四国八十八ヶ所霊場**　原爆投下で巡拝不可能になるが1973年に復興
- 一九二五年　**津軽《つがる》八十八ヶ所霊場**　かつては津軽観音八十八ヶ所霊場と呼ばれていた
- 二〇〇六年　**北海道八十八ヶ所霊場**　霊場は北海道全土に点在。巡拝期間は5月1日～10月31日

人々の信仰心が生んだ「地四国」と「お砂踏み」

四国遍路はしたいが、四国は遠すぎる…という人々の信仰心から生まれたのが、「地四国」である。自分たちの地元に四国八十八ケ所霊場を模した霊場を設定。地元の霊場を巡礼することで、四国遍路をしたのと同じ功徳を授けられるという仕組みだ。例えば1755年頃に開創された「御府内《ごふない》八十八ケ所」は、四国八十八ケ所霊場の距離を10分の1にして江戸の町に当てはめたもの。御府内（品川《しながわ》、四谷《よつや》、板橋《いたばし》、千住《せんじゅ》、本所《ほんじょ》、深川《ふかがわ》の内側の地域）で完結しており、江戸庶民も巡礼しやすくなっている。地四国は東京と瀬戸内周辺に多い傾向がある。特に愛媛県には、島内で巡礼が完結する「島四国《しましこく》」が集中。「小さな島を一つ巡るだけで、功徳が得られる」と人気を博したようだ。

地四国をより簡略化し誰でも巡礼できるようにしたものが、「お砂踏《すなふ》み」である。各霊場の本尊の御影《おすがた》をまつり、八十八ケ所霊場から持ち帰った砂を配置。砂を踏みながら礼拝することで四国遍路と同じ功徳をいただけるとされている。

第4章
弘法大師信仰
現代
その後

水にまつわる伝説が多い?全国各地に点在する弘法水《こうぼうすい》伝説と開湯伝説

弘法大師が起こした数々の奇跡

弘法大師は諸国行脚中に多数の伝説を残しており、全国に5000近くの言い伝えや昔話が存在する。中でも目立つのが水に関する奇跡だ。弘法大師が発見した水(弘法水)と伝わるものは約1500カ所。次に多いとされる安倍晴明《あべのせいめい》由来の晴明水《せいめいすい》は全国70カ所程度なので、弘法水が突出していることが分かる。また弘法大師が杖で突いた場所から温泉が湧いたという「開湯伝説」も数多く存在する。開湯伝説は役行者《えんのぎょうじゃ》、行基《ぎょうき》、一遍《いっぺん》などの由来も多いが、発見数最多は弘法大師だ。

本拠地とした近畿地方や出生地である四国に加え、本来足を運んでいないであろう東日本にも多数の伝説がみられるのが面白い。

地質学の知識が伝説に影響した?

伝説の多くは温泉の知名度を高めるために弘法大師の名前を拝借したり、高野聖《こうやひじり》(修行のために各地を巡り歩いた真言宗の僧侶)が温泉を発見した際に、開祖である弘法大師を名乗ったと考えられる。語り継がれる中で弘法大師信仰と結び付いたものもあるだろう。

ただ水にまつわる伝説が多いのは、空海の業績も関係しているのではないだろうか。空海は唐で、密教以外にもさまざまな学問を習得して帰国している。もし唐で最先端の地質学を習得していたとすれば、水脈に関する知識もあるはずだ。水にまつわる伝説が多いのは、空海に地下水や温泉が湧きそうな場所を見極める知識があり、実際に清水や温泉を発見していたからかもしれない。

弘法大師と水や温泉の奇跡

弘法大師が、金剛杖や錫杖で地面を突いたところ水が湧き出てきたなど水にまつわる逸話は全国各地に数多く存在している

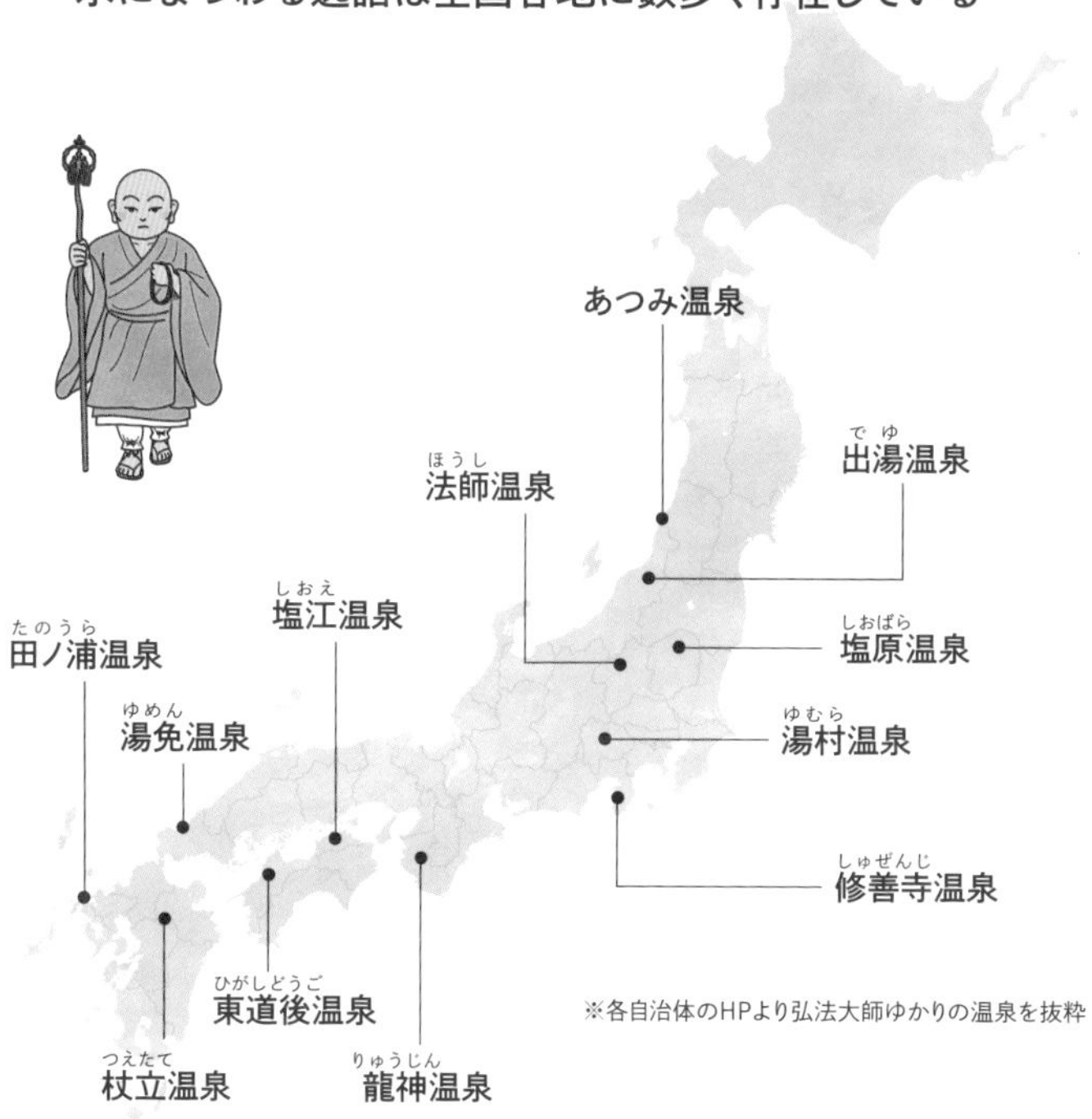

※各自治体のHPより弘法大師ゆかりの温泉を抜粋

●愛媛県に存在する弘法水伝説

杖ノ淵《じょうのふち》（松山市）

うちぬき・弘法水（西条市）

「うどん県・香川」の生みの親は空海だった？ 空海が唐から持ち帰ったと伝わる食べ物

さぬきうどんの起源は空海だった？

うどん発祥については諸説あるが、香川県では「空海が唐から製法を持ち帰り日本に広めた」というのが定説になっている。空海が滞在した長安《ちょうあん》周辺は小麦の耕作地帯であり、青龍寺《せいりゅうじ》（陝西省西安市）では小麦を使った麺料理を食べていたといわれる。空海の出身地である讃岐国《さぬきのくに》も小麦の栽培が盛んなので、唐で学んだ技術は故郷で生かされただろう。

弟子の一人であり甥でもある智泉《ちせん》が空海からうどんの作り方を教わり、故郷の両親に振る舞ったという伝承が残されている。満濃池《まんのういけ》の改修工事に参加した農民たちにうどんを提供したことが普及のきっかけになったという説もあるため、空海自身もうどんを作っていたのかもしれない。

空海・最澄《さいちょう》と「お茶」の意外な関係

現代の私たちにとって眠気覚ましの飲み物といえばコーヒーのイメージだが、唐の時代にはお茶だった。遣唐使はお茶の産地である揚子江《ようすこう》周辺にも滞在しており、唐滞在中にお茶と出合ったと思われる。ほぼ同時期に入唐した空海と最澄が、それぞれお茶を持ち帰っている。空海はお茶の種と栽培方法、お茶を挽《ひ》くための石臼を携えて帰国。嵯峨《さが》天皇に献上している。

また空海と入れ替わりで帰国した永忠《えいちゅう》は、815年に嵯峨天皇にお茶を献上。嵯峨天皇は感銘を受け、お茶の栽培を奨励している。空海と永忠、空海と嵯峨天皇の交流の中にお茶文化があったと考えると興味深い。

空海ゆかりの食べ物

小倉あん

空海が持ち帰った大粒の小豆を小倉山周辺で栽培し、砂糖で煮詰めて朝廷に献上したのが始まり

お茶

持ち帰った茶の種を宇陀市（うだし）の仏隆寺（ぶつりゅうじ）にまいたのが、日本初のお茶栽培と伝わる

せんべい

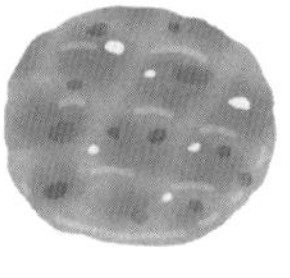

製造方法を持ち帰り、山城国の住民・和三郎に伝授する

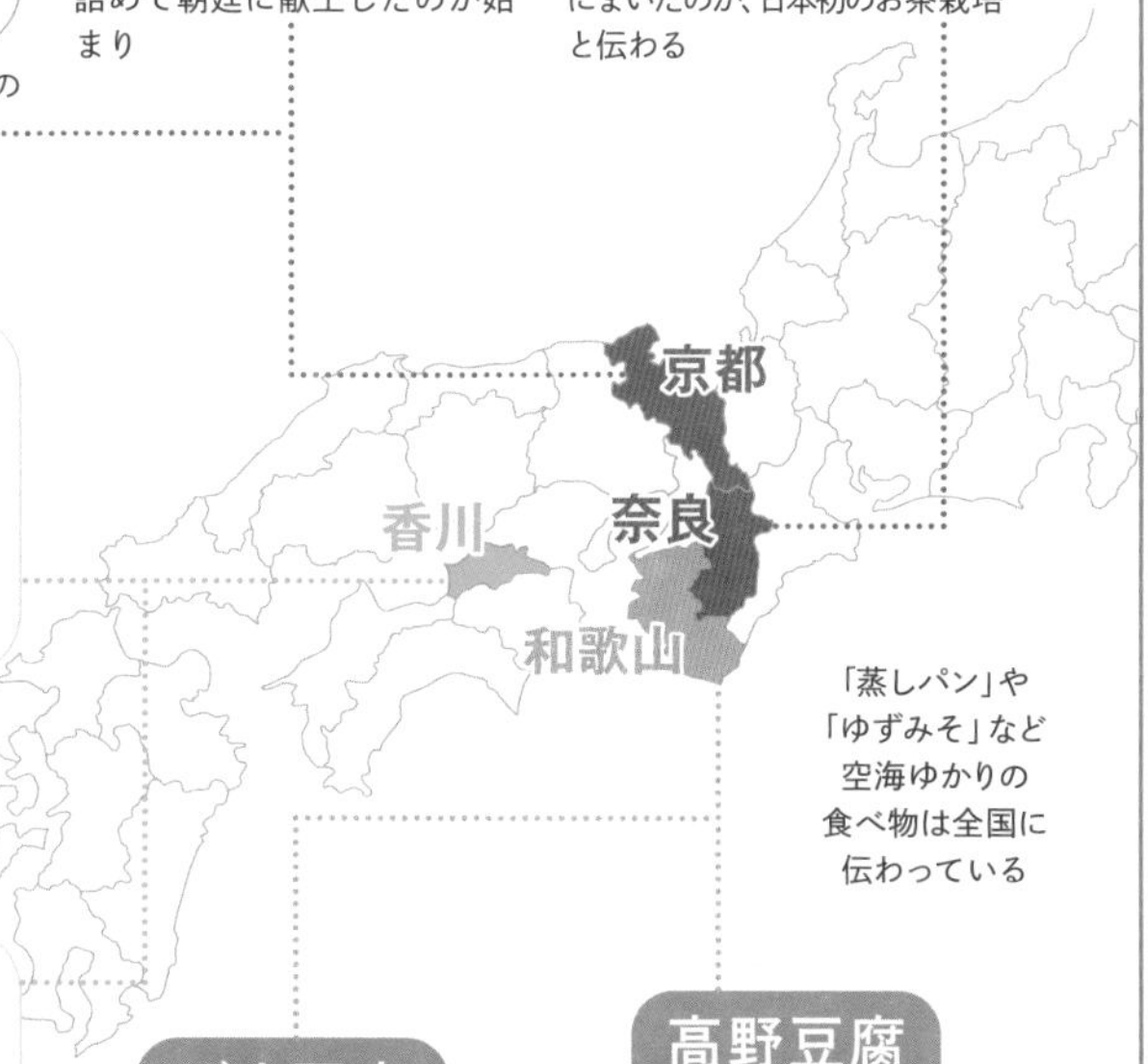

うどん

製麺方法と調理方法を持ち帰り、故郷で振る舞う

「蒸しパン」や「ゆずみそ」など空海ゆかりの食べ物は全国に伝わっている

カリン

唐から苗木を持ち帰り、満濃池改修工事の際に宿とした、矢原家の庭に植えたと伝わる。この逸話にちなみ、まんのう町の町木は「カリン」となっている

ごま豆腐

空海が唐から持ち帰ったごまと葛を用いた栄養食。高野山発祥と伝わる

高野豆腐

空海が開いた高野山で修行食として食べられるようになる。凍った豆腐を溶かして食べたのが始まり

●監修

吉田 正裕（よしだ しょうゆう）

広島県廿日市市出身、真言宗御室派大本山大聖院第77代座主。2008～2018年総本山仁和寺本山布教師。2018～2022年総本山仁和寺執行長、真言宗御室派宗務総長。宗教事業にかかわらず、宮島、広島の地域活動、文化活動などを幅広く行なっている。

●STAFF

企画・編集　昭文社編集部
株式会社ガリバープロダクツ（ 大森 富士子 ）
執筆・校正　株式会社ガリバープロダクツ
（ 中西 真理、塩屋 ルミ、佐々木 すず ）
装丁・本文デザイン　株式会社クロノスケ（ 田中 楓 ）
図版・DTP　株式会社ガリバープロダクツ（ 加藤 照恵 ）
本文イラスト　赤間 齊子

スッと頭に入る空海の教え

2024年6月15日　1版1刷発行

発行人　川村哲也
発行所　昭文社
本社：〒102-8238 東京都千代田区麹町3-1
☎0570-002060（ナビダイヤル）
IP電話などをご利用の場合は
☎03-3556-8132
※平日9:00～17:00（年末年始、弊社休業日を除く）
ホームページ　https://sp-mapple.jp/

※乱丁、落丁本はお取替えいたします。

ISBN978-4-398-14475-1
定価は表紙に表示してあります。